家は南向きじゃなくていい

House designs
should be
more free

内山里江
建築家

KODANSHA

私はこんな家を建ててきた

家づくりに正解はないが、失敗はある。筆者が心がけてきたのは「その土地、その環境にマッチした家をつくる」ことと、「建て主の言葉の奥にある本当の要望を探り当てる」こと。たとえばこの家は、「非日常を日常に」というコンセプトで建てられた。

S邸（静岡県）
敷地面積　185.6㎡
延床面積　135.8㎡

A邸（山口県）
敷地面積　373.8㎡
延床面積　134.1㎡

光と笑顔があふれるリビングで

リビングにソファが必要だと思い込んでいる人は多いが、ゆったり過ごせる空間はソファなしでも実現できる。伸びやかな風景を楽しむ「たいらかなくらし」

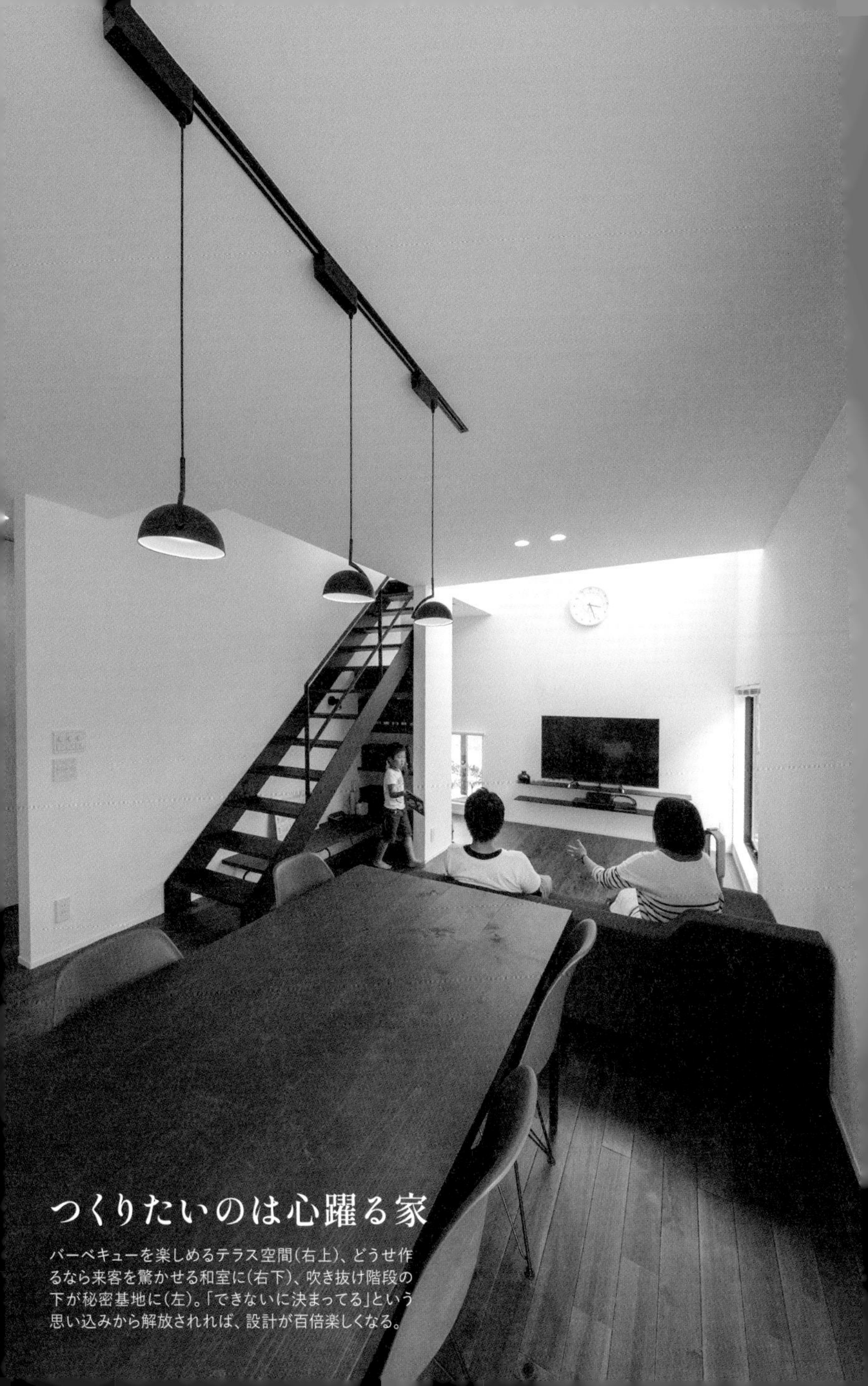

つくりたいのは心躍る家

バーベキューを楽しめるテラス空間（右上）、どうせ作るなら来客を驚かせる和室に（右下）、吹き抜け階段の下が秘密基地に（左）。「できないに決まってる」という思い込みから解放されれば、設計が百倍楽しくなる。

家で遊んだっていいじゃない

憧れの自宅サウナ(右上)とシミュレーションゴルフ(左上)、どちらも250万〜300万円ほどの予算で設置が可能で、長い目で見れば経済的とも言える。右下はお父さんのための「趣味のガレージ」。家を「休む場所」から「遊ぶ場所」に。

世界にひとつの家を建てる

「もう一度、本格的にピアノを弾きたい」──音大出身の奥さまのそんな一言で、ピアノを軸とした設計に。家づくりはそれくらい自由でいい。

F邸（大阪府）
敷地面積　92.1㎡
延床面積　102.9㎡

家は南向きじゃなくていい

はじめに

「こんなはずじゃなかった」

念願のマイホームを建てたはずなのに、暮らすうちにこう思ってしまう人たちがいます。

「土地は南向きの角地で。日当たりと風通しがいいように窓をたくさんつけて、特にリビングからは外の景色をゆっくり眺められるようにしたい。天井は高くして吹き抜けをつくって開放感のある空間に。玄関は靴を脱ぐのが楽なように広めにしたい。キッチンは見せる収納でおしゃれにして、リビングは広めにとって大きなソファを置きたい。将来のことを考えると子ども部屋は最低でも2つは必要。トイレも1階と2階にひとつずつつくって、洗面所も混み合わないように2ボウルにしよう。そうそう、来客用の和室も必要だよね」

このように、たくさんの夢と希望を詰め込んで家を建てたにもかかわらず、冒頭のような言葉とため息が漏れてしまう人は少なくありません。

なぜこんなことになってしまうのか。そして、どうすればこのような悲しい事態を防げるのでしょうか……？

少しだけ自己紹介をさせてください。建築士をしている内山里江といいます。約20年前に一級建築士の資格を取得して独立して以来、さまざまな建築物の設計に携わってきました。オフィスや商業・福祉施設などの設計もしてきましたが、私は「家」をつくる仕事が大好きです。そう、読者のみなさんがお住まいになる、おうちです。これまで手がけた住宅は２０００軒をこえました。

嬉しいことに、お手伝いした家の建て主からは「自慢の家になった」「週末はいつも誰かを家に招いている」「無理して外に行かなくても家の中で充実した時間を過ごせるようになった」などの声が聞かれます。家づくりをきっかけにみなさんが自分らしい充実した人生を毎日過ごしている様子がうかがえるのは、建築士として非常に嬉しいことです。

このような「大成功の家づくり」と、冒頭の「『こんなはずじゃなかった』家づくり」は、いったい何が違うのでしょうか？

本書でその答えをお伝えします。

序章では、失敗の原因となる、日本の家づくりの実情を説明します。

第1章では、理想の家づくりを邪魔する「思い込み」とその背景、そして正しい知識をお伝えします。

第2章では、リゾートホテルで過ごすときに感じるような「特別感」や「遊び心」を手の届く範囲で取り入れた、心躍る家づくりについてお伝えします。

第3章では、実例の紹介を中心に、「世界にひとつの理想の家」をどう実現するかをお伝えします。


家づくりはもっと自由でいい、というのが私の持論です。土地は千差万別、そこに住まう人も十人十色。土地環境を活かし、住む人が真に望むことを反映した家は、一つとして同じものにはなりません。

みなさんが家づくりの常識をアップデートし、「世界にひとつの理想の家」への一歩を踏み出すお手伝いができることを願っています。

『家は南向きじゃなくていい』目次

第1章

これまでの常識、実は間違いだらけ

家にまつわる思い込みと誤解

「遊ぶための家」ってどんなだろう

第3章

世界にひとつの家をつくる

私が建てた「理想の家」紹介

序章

なぜ日本人は「家づくり」に失敗するのか

家を建てる人の現実

「とりあえず住宅展示場」という罠

家を建てたい人が最初にやること

「マイホームがほしい」「家を建てたい」と思ったとき、みなさんは最初に何をするでしょうか？

おそらく、「とりあえず住宅展示場に行ってモデルハウスを見てみる」という人は多いのではないでしょうか。

誤解を恐れずに言うと、実はこの「とりあえず住宅展示場」が、家づくりの失敗への入り口になることがあります。

「えっ、どういうこと？」と思われたかたもいるでしょう。「いろんな家を見られてイメージが膨らむし、複数のハウスメーカーをその場で比較検討できて便利」というのが一般的なイメージですから、無理もありません。実際、それは間違いではありません。

では、何がまずいのでしょうか。

それは、「建築士としっかり意思疎通しながら家づくりを進めていく」という機会が少なくなってしまうことです。住宅展示場に出展しているのは大手のハウスメーカーばかり。建築設計事務所が出展していることはありません。つまり、住宅展示場へ行くのは「ハウスメーカーを選ぶための行為」なのです。

なぜそれが、理想の家づくりからかけ離れてしまう危険を招くのか。次からくわしく説明していきます。

言われた通りに設計するのはプロではない

本来、建築士とは「家づくりのプロ」です。家にまつわるすべてを知っていないと務まりません。しかし、ハウスメーカーに所属している建築士の多くは、非常に狭い範囲でしか家づくりに携わることができません。

なぜなら、「合理的な間取りや機能がベースになった家」を「たくさん」供給することが、市場から求められるハウスメーカーの役割だからです。ゆえに、ハウスメーカーの社員またはハウスメーカーに雇われた建築士は、「今回の建て主はどんな性格で、どんな生活を望んでいるのか」「今回の土地の周辺環境はどうなっているのか」などをふまえ、じっくりコンセプトを考えて建て主と向き合い設計する前提で仕事をしてはいないのです。

また、ハウスメーカーの建築士には若い人も多く、経験がそこまで豊富ではないケースも少なくありません。経験値の低さによる不安から、営業担当者が建て主から聞き出した「希望条件」をそっくりそのまま図面に落とし込むケースもあるようです。

たとえば「庭に面したリビングに大きな窓がほしい」と言われれば、その通りに描きます。たとえ、その庭ごしに隣の家から丸見え状態の環境だったとしても、です。住んだ後にカーテンを閉め切る生活になる可能性に気づいたとしても、口をつぐみます。

仕事柄、ハウスメーカーの建築士の話を聞く機会もありますが、みな「やりたいことができない」「言われた通りに描くしかない」と声を揃えます。営業主導の合理的な家づくりのプロセスにおいては、建築士のオリジナルの設計アイデアを盛り込むといった思い切ったチャレンジをする機会はなかなかありません。そのせいでスキルもなかなか育たないようです。同業者として、とても悲しいことだと感じます。

住宅展示場へ行くと選択肢が狭まってしまう

住宅展示場ではたくさんのモデルハウスを見学できます。デザインは最先端で設備も最新式、どれも非常に素敵に見えるはずです。しかし、いくつものモデルハウスを見学していうちに、いったいどれがいいのかわからなくなってきがちです。

広い会場を歩き回って足も疲れてくるでしょう。現場の営業担当者に声をかけられたり、お子さん連れの場合は子どもがその営業担当者に懐いたりすると、「この会社で建てようかな」と思うのが人情です。あるいは、ひとまず保留にして帰宅しても、後日、各社の営業担当者からの積極的な電話攻撃が始まります。

住宅展示場を訪れる人の9割程度がまだ土地を手に入れていない人たちですが、資金力のあるハウスメーカーは自社で分譲団地（土地）を開発することも可能です。「土地探しもお手伝いします」「うちでいい土地をご紹介しますよ」などと言われれば、ついそのままお願いしたくなるものです。つまり、いずれにしろ、展示場へ行くと「ハウスメーカーに頼んで家を建てる」ことになるのです。

依頼主の言葉の先にある「思い」

条件を「ぶつ切り」にしてくっつけただけの家

土地が決まり、いよいよ家の具体的な間取りを考える段階でも、建て主は一度も建築士と会うタイミングがないこともあります。営業担当者が「部屋の数」「広さ」「オプション」などについての要望を建て主から聞き出し、それをそのまま社内の建築士に伝えることが多いようです。

建築士はその「条件」をそのまま図面に反映せざるをえません。単なるパズルのような作業にすぎず、そこにクリエイティビティや周辺環境との調和といった要素の入る余地はありません。本来であれば、「建て主の望む暮らし」というゴールに向けて、建て主の希望や土地の環境といった要素がうまく「作用」「調和」する家を創り上げるのが建築士の仕事ですが、効率と合理性を重視した家づくりのプロセスではそういったことは省略せざるをえないのです。

そのようにしてつくられた家は、往々にしてバランスを欠いたものになりがちです。「広さは？」「間取りは？」「デザインは？」「断熱性は？」「外壁は？」などの各種の要素をぶつ切りにし、それを寄せ集めた集合体になってしまうからです。しかも、そのような家がもたらす違和感や住み心地の悪さは、住んでみてからでないとわかりません。

ある男性の後悔

知り合いの男性で、まさにこのような「ぶつ切り集合体」の家を建ててしまい、後悔している人がいます。

その人は交通アクセスのよい、都心の高級エリアに家族とのお住まいを建てました。正方形の土地で、リビングに面する東側の道路は桜並木になっています。「リビングから桜を眺められたら最高」という思いで「大きな窓をつけてほしい」と営業担当者にリクエストしたのだといいます。ほかにも、吹き抜けや奥さまの書斎兼ワークスペースなど、「あったらいいな」の希望を伝え、それをそのまま叶えてもらったそうです。

ところが、いざ住んでみると「こんなはずじゃなかった」と思うようになったといいます。リビングの大きな窓からはたしかに桜並木が見えるものの、その道路は多くの人が日常的に利用するものであり、眺めのよい景色とは言いがたかったのです。当然ながら通行者からの視線も気になります。残念なことに、その大きな窓のカーテンは昼夜問わず閉め切られることになりました。また、吹き抜けの下につくられた奥さまのための書斎も使い勝手が悪かったのか、利用されることはほとんどなく、奥さまはいつも別の場所で仕事をしていたそうです。土地と建物とで1億円程度をかけたおうちだといいますが、この男性にとっては「自慢の家」「帰りたくなる家」にはならなかったのです。

「窓から桜を眺めたい」という言葉の先にあったもの

この男性のおうちがなぜこのような残念な状況になってしまったのか。それはさまざまな要素をぶつ切りにしてくっつけただけの設計がなされたことが一番の原因ですが、「なんとなく条件を言っただけで、自分たちがどういう暮らしをしたいのか、何を望んでいるのかをきちんと考えていなかった」と男性は振り返ります。

この反省は本質を突いています。本来、家づくりとは自分と向き合うことなのです。家とは暮らしのための場であり、暮らしは人の営みであり、その人の性質や価値観がおおいに反映されます。理想の家を建てようと思ったら、「自分が何に価値を感じるのか」「どんな暮らしがしたいのか」を建築士としっかり共有して設計してもらう必要があります。

「桜並木が見えるよう、リビングには大きな窓をつけてほしい」とこの男性がリクエストしたとき、営業担当者や建築士がすべきことは、それをそのまま図面に反映することではなかったのです。

「窓をつけてほしい」とのリクエストは、表面的で物理的なニーズです。その思いの奥にあったはずの「リビングでゆったりとした時間を過ごしたい」「(桜を眺めて)癒やされたい、いい気分になりたい」といった真の要望(潜在的ニーズ)をくみとる必要がありました。

それを怠ったために、男性にとって「こんなはずじゃなかった」家ができあがってしまったのです。

軸を持たない家づくりはベルトコンベヤー式の作業

家づくりには「軸」が必要

この男性のようなケースは枚挙に暇《いとま》がありません。多くの人は家を建てるとき、「なぜ家を建てたいのか」をきちんと考えずに臨んでしまいます。よくあるのは「周りの人が建てているから」「賃貸だと家賃がもったいないから」「この年齢になったらそろそろ建てるものだから」との動機によるものです。本来、これらはあくまできっかけにすぎず、家を建てる本質的な理由にはなりません。

とはいっても、住宅購入はほとんどの人にとって人生で1回か、せいぜい2回経験する程度の体験です。最初から深い考えを持って臨むことのほうが珍しいでしょう。だからこそ、家づくりのプロである建築士の果たすべき役割は重いのです。

右も左もわからない建て主に丁寧にヒアリングを行い、どのような暮らしをしたいのかを考えてもらわねばなりません。物理的なニーズを聞き出し、その奥にある潜在的な要望をくみとり、咀嚼し、家の全体像に反映していく。さらに、土地にまつわる事情や周辺環境との調和もしっかり考えねばなりません。

冗談のような話ですが、玄関の位置やホール、ドアを右開きと左開きのどちらにすべきかの配慮がされていないばかりに、外に出るときに毎日キョロキョロこそこそしなければいけないような家ができあがることもあります。土地の物理的な制限や条件、周辺環境との兼ね合いも含め、建てた家が住まう人の暮らしにプラスの作用をもたらすような設計がされねばならないはずなのに、です。

「消去法の家づくり」はしんどいだけ

建て主が自らの家づくりの軸を持たずに家を建ててしまうのは、自己分析をせずに就職先を選ぶのと同じようなものかもしれません。その就職先で自分が活き活きと働けるかどうか、疑問符がつきそうです。

軸の有無は、図面ができあがって家の内装やマテリアルなどの細かい部分を詰めていく段階でも大きく影響してきます。「壁は何色？」「素材はどれ？」など、グレードも含めてたくさんの選択を建て主は迫られますが、家づくりの軸があればそれは「楽しい悩み」になります。

逆に、軸がないと、ただただ大変でしんどい作業になります。何を基準に選択してよいかわからないからです。このとき、プロの建築士は建て主を過度に悩ませるようなことはしません。建て主のニーズをくみとり「あなたたちの望む暮らしには、こっちのほうが合うと思います」「この家なら、この壁材がおすすめですよ」などとアドバイスできるからです。

「こんな暮らしがしたい」を考えないまま走り出してしまった軸のない家づくりは、次から次へと迫られる選択をベルトコンベヤー式にこなしていくだけのものになります。

「これがいい」ではなく「これはナシだな、だとしたら、こっちかな」という、消去法の選択をせざるをえません。

消去法でつくった家が「理想の家」になるかどうか、みなさんはどう思われますか？

「実家」を思い浮かべて建てるとだいたい失敗する

「実家はこうだった」から生まれる思い込み

失敗しやすい家づくりの原因はもう一つあります。固定観念に振り回されてしまうことです。「子ども部屋は2つは必要」「仏壇を置くために和室が必要」「布団や洗濯物を干すためにバルコニーが必要」などがその一例です。

このような固定観念は「実家」をイメージすることから生まれるようです。幼少期を過ごした家は記憶に強く残るものなのでしょう、みなさんが家を建てるときに思い浮かべるのはほぼ例外なしに「実家」、あるいは「おじいちゃん、おばあちゃんち」です。住んだことのある家を思い浮かべること自体は悪いことではないけれど、それをそのまま、これから建てる新しい家にあてはめるのは危険です。

なぜかというと、時代、生活背景、家電事情、建築技術などが大きく変わっているからです。にもかかわらず実家のイメージにこだわったまま家づくりをしてしまうと、現代の暮らしにそぐわない、不便かつ高コストの家になってしまいます。そのあたりの事情もふまえて提案&設計するのが本来の建築士の仕事です。しかし、繰り返しになりますが、ハウスメーカーの合理的な家づくりのプロセスにおいて、建築士は建て主に言われた通りの内容を図面に落とし込まざるをえないのが一般的です。結果、なんだかチグハグな家になってしまいやすいのです。

今住んでいる家との比較にも要注意

固定観念といえば、「今住んでいる家」にも注意が必要です。家を建てる人のほとんどが賃貸アパートやマンション、あるいは自分か結婚相手の実家に住んでいます。それらの家への不満をもとに新しい家への要望を考える人は非常に多く、もちろんそれは悪いことではないのですが、それが足枷となって理想の家づくりを邪魔してしまうことがあります。

一例をあげると、賃貸アパートやマンションの間取りやスペースは窮屈なことも多いため、多くの人は「狭い」と不満を持っています。そこで、新しい家ではあらゆるスペースを「広くしたい」とリクエストする人が増えます。

しかし、そもそも戸建ての一軒家は賃貸アパートやマンションと比べるとかなり余裕のある間取りになっています。特別広くしなくても不便はないのです。ところが、それを知らない人はついストレートに「広くして」とリクエストしてしまいます。ハウスメーカーの建築士はそれをそのまま図面に反映するため、無駄なスペースの多い間取りになったり、そのせいで他のスペースが犠牲になったり、大幅に予算をオーバーしたりする羽目になります。

「広くして」は要望の一例ですが、「実家による固定観念」と同様に、「今住んでいる家による固定観念」もなかなかに厄介なものなのです。

家がイケてないのは、あなたのセンスのせいじゃない

ここまで、今の日本の家づくりの実情をお話ししてきました。限られた時間と予算のなかで効率的かつ合理的に家を手に入れられるハウスメーカーの仕組みはありがたいも

ので、その恩恵を享受してきた人たちはたくさんいます。営業担当者や建築士との意思疎通がうまくいき、建て主の願い通りに理想の家が完成したケースも、もちろんあるでしょう。

しかし、ここまでお伝えしてきたような事情から、「こんなはずじゃなかった」、あるいは「なんとなくイケてないけど、どうせ自分にはセンスないから、こんなもんよね」と、妥協した家になりやすい側面があることも事実です。

本来、家の間取りというものは、みなさんが思っていらっしゃる以上に自由なものです。建て主の思いや感覚を建築士としっかり共有することで、心から納得できるオーダーメイドの住まいをつくることができるのです。

もし、みなさんが「すでにある箱の中に入る」という感覚で家づくりをされるとしたら、非常にもったいない話です。一度建てた家には長く住み続けるかたがほとんどですし、生活の場としての住宅は、私たちが想像する以上に精神面にも影響を及ぼします。

「家は3度建てないと思い通りにはならない」などとよく言いますが、そんなに時間とお金と労力に余裕のある人は滅多にいらっしゃるものではありません。せっかく建てるのなら、一度で理想の家を建てたいものです。

第1章

これまでの常識、実は間違いだらけ

家にまつわる思い込みと誤解

土地選びの話1

「正方形の土地がいい」という幻想

プロはどんな土地でも形にできる

理想の家を建てるのに100点満点の土地は必要ありません。70点もあれば十分です。

これは、「土地のせいで100％理想通りの家にならなくても妥協しなければならない」という意味ではありません。実は、プロの建築士は土地のネガティブな部分をポジティブに変えるアイデアを持っています。どんな土地でも対応できるスキルがあってこそ、プロなのです。

一例をあげると、過去に私は「エリアはよいのに地形に難がありすぎて買い手がつかない」という土地に建売住宅を設計したことがあります。うっそうとした雑木林のような場所で、土地は崖のように斜めになっており、近隣の子どもたちは「危ないから入ってはいけない」と言われているほど。しかし、すぐ近くに小学校や図書館、文化施設などがあり、エリアとしては好条件なのです。戸建てを3つ建てられるほどの広さもありました。

このように高低差のある土地は、崖の斜面を支えるコンクリートの壁のようなもの（「擁壁《ようへき》」といいます）をつくる工事をするのが一般的です。つまり、崖が崩れないように斜面を工事したうえで、フラットな土地をつくり、そこに家を建てるのです。今回の土地は道路から低いところで6ｍ、高いところで9ｍもの高低差があるため、当然、擁壁工事は必要です。しかし、この工事には非常にお金がかかるのです。擁壁工事費用は住宅建築費に上乗せされるため、土地自体は安くても買い手がつきにくいというわけです。

ネガティブをポジティブに変える

このような事情でこの土地の扱いに困っていた不動産会社から依頼を受けた私は、「なんとかこの地形を活かせないだろうか」と考えました。そして、あえて大掛かりな擁壁工事を行わないことにしました。なぜかというと、高額の擁壁工事代がかかるにもかかわらず、ありきたりの家しかできなくなるからです。それに、この土地には崖の上下にそれぞれ道がありましたが、擁壁工事をすると道の使い方も制限されてしまいます。

地形を活かしつつ、上下の道も有効活用できるような設計ができないかと考え、完成したのが写真1－1の3棟です。

1-1｜土地の難を個性ととらえ、
魅力に変えてしまうのが設計士の腕。
3棟の背後には崖がそびえる。

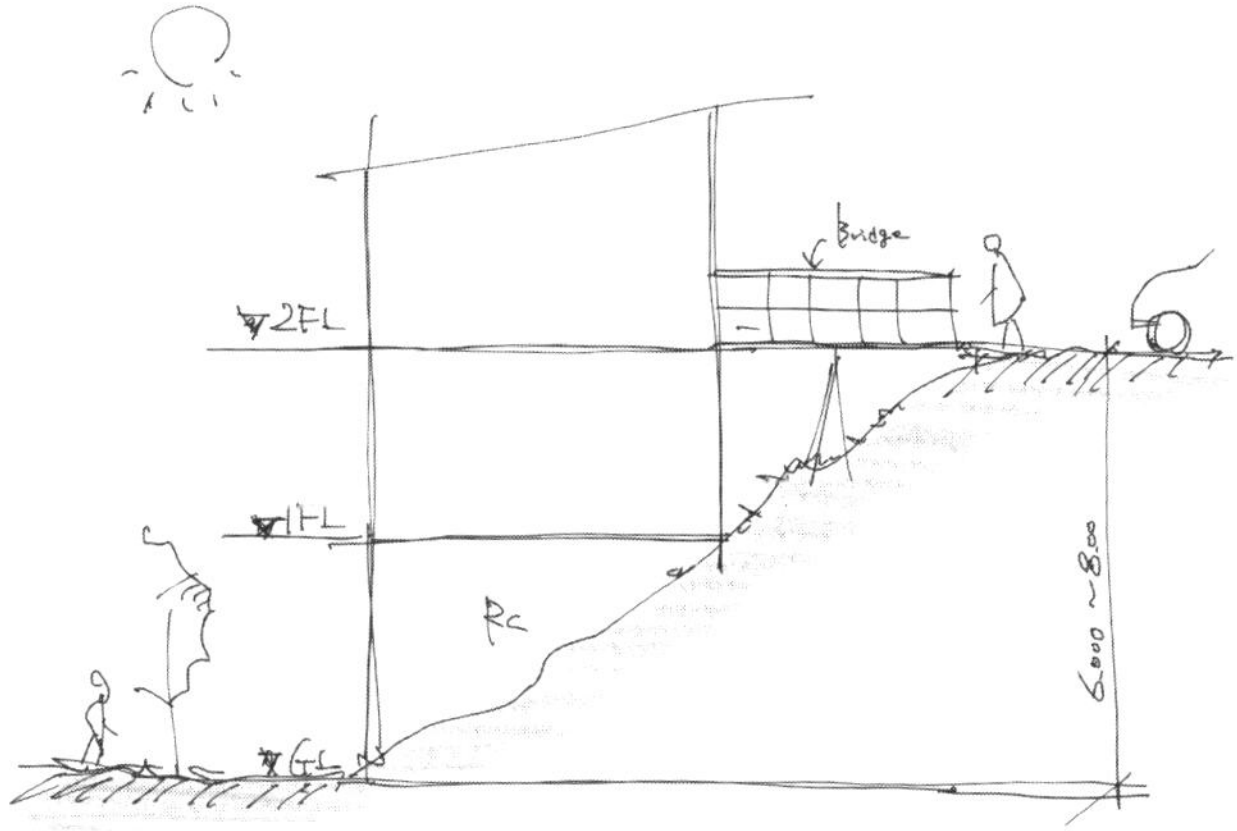

1-2｜崖上と崖下の両方からアクセスできる利便性の高い住まいに仕上がった。

崖下の一番低い部分は半コンクリートの地下にし、駐車場として使います。1階と2階は木造で、崖上の道から家にアプローチできるような橋をかけ（図と写真1－2）、各家の外階段につなげています。この外階段を通じ、子どもたちが家の周囲をぐるぐる回って遊べる公園のような空間をイメージしています。

高低差のある地形をそのまま活かし、3棟それぞれが魅力ある住まいになりました。完成後には誰も「難のあった土地」とはわかりません。幸いにも、もともとの斜面に強固な層もあり、建物をしっかり支えてくれる地盤に整えることができたので、安全性の面でも問題はありません。無事、3棟すべてに買い手がつきました。

これはかなり極端な例ですが、活かせないと思われる土地であっても、設計のアイデア次第で住む人に喜ばれるものができあがります。この土地はかなり難易度が高いケースであることは間違いありませんが、実力のある建築のプロは、難のある土地でもどうにか形にするものです。もちろん、理想的な土地が設計しやすいことは事実ですが、「時間もコストもかかるからやりたくない」と建築関係者が思うような、ちょっと癖のある土地には「この地形をどう活かそうか」と、大変ではありますが、アイデアの練りがいもあり、個人的には楽しさも感じます。

土地選びの話2

青い鳥を探すのはやめよう

理想の土地を求めてさまよい続ける「青い鳥現象」

多くの人は「正方形の土地がいい」「南面角地がいい」「北道路はダメ」「広いほうがいい」「旗竿の土地はやめたほうがいい」など、一般的によく言われる「常識」をもとに理想の土地を探します。しかし、「正方形で、南面角地で、広くて、フラットで、日当たりのいい土地」など、そうは見つかりません。存在しないとまでは言いませんが、あったとしてもかなり高額で、しかもすぐに売れてしまいます。ほとんどの人には手に入らない「幻」のようなものです。

にもかかわらず、このような幻の土地を求めて延々と土地探しを続けてしまう人がいます。メーテルリンクの童話『青い鳥』のチルチルとミチルのように、「100点満点の理想の土地」を求めてさまよってしまうのです。童話にちなんで私はこれを「青い鳥現象」と呼んでいますが、土地探しでは往々にして起こります。

童話では結局、青い鳥は自宅にいたことから、「幸せは遠くではなく身近にある」「理想を求めるあまりに大事なことを見落とすことがある」などをこの物語は示唆していますが、まさに土地探しでも同じことがいえます。

先述の通り、地形に難があっても設計のアイデア次第でどうとでもなります。狭い土地も、2階、3階と上にのばすことで広さを確保することはできますし（法的な制限にもよります）、広さは物理的な条件だけでなく「感覚的な広がり」で叶えることができます。南向きの土地でなくても光を取り入れる方法はいくらでもあります。

土地に関する法的な制限や専門用語を正確に理解することは、一般の人には少々ハードルが高いことも事実です。そういうわけで、青い鳥現象を起こして延々とさまよったり、逆に「どんな土地でも大丈夫らしいから安いとこを買っちゃえ」と無策で突き進んだりするのではなく、早い段階で建築士に相談するのがベストです。

ここでは、最低限知っておいたほうが良い専門用語を簡単に紹介しておきますね。

建蔽率《けんぺいりつ》　敷地面積に対して許される、建物面積の最大割合。建物を真上から見たときに占める面積、と考えるとわかりやすい。

容積率　敷地面積に対して許される、建物の延べ床面積の最大割合。
斜線制限　道路に面した建物の高さを制限するルール。周辺の採光や通風を確保するための
もの。
用途地域　都市計画法により、建築物の種類や用途を定める地域がある。第一種低層住居専
用地域には、北側斜線制限が必ずある。

北側斜線制限がある場合、一般的には人気の「南向き角地」も自由に設計しづらくなるので注意が必要です。
また、将来的に周囲にどんな建造物が建つかで、環境は変わります。一般の人がそこまで想像するのはハードルが高いですが、周囲の状況や将来建ちうる建造物まで考慮して建て主の要望とすり合わせるのが、プロの建築士の仕事です。

「一軒家は寒い」は昔の話

現代建築に「廊下」はいらない

近頃の家には、いわゆる「廊下」は、ほぼありません。なぜでしょうか。実は、最新の性能を備えた家であれば、廊下をわざわざ設ける必要がないのです。

そもそも、なぜ廊下が必要だったのかといえば、廊下によって部屋を区切ることで室温をコントロールしていたのです。よく「一軒家は寒い」と言われますが、ひと昔前の一軒家は家全体をあたたかく保つような性能がなかったため、廊下という「区切り」をつくって各部屋を独立させ、密閉する必要がありました。そして家族みんなが集まる「リビング」や子どもがこもって勉強をする「子ども部屋」など、快適な環境にしたい部屋を個別に暖房であたためため、その熱と空気を逃さないようにしていたのです。

最新性能の住宅ならどこにいても快適

そんな時代も今は昔、現在の住宅は昔とは比較にならないほどに性能が向上しています。家のあたたかさは気密性と断熱性とで決まります。気密性とは、家の隙間をなくし、外気の出入りをいかに少ない状態にできるかのことです。そして、断熱性とは外の寒さや暑さを室内に入れないようにシャットアウトすること。この2つが高いと、外の気温の上下にかかわらず室温が一定に保たれやすくなります。

現在の住宅はこれらの性能が非常に高く、冬でたとえるなら、家全体がダウンジャケットを着ているようなものです（図1－3）。そのため、わざわざ廊下をつくって各部屋を仕切り、室温をコントロールする必要がないのです。家じゅうのどのスペースも常に快適な室温に保たれています。

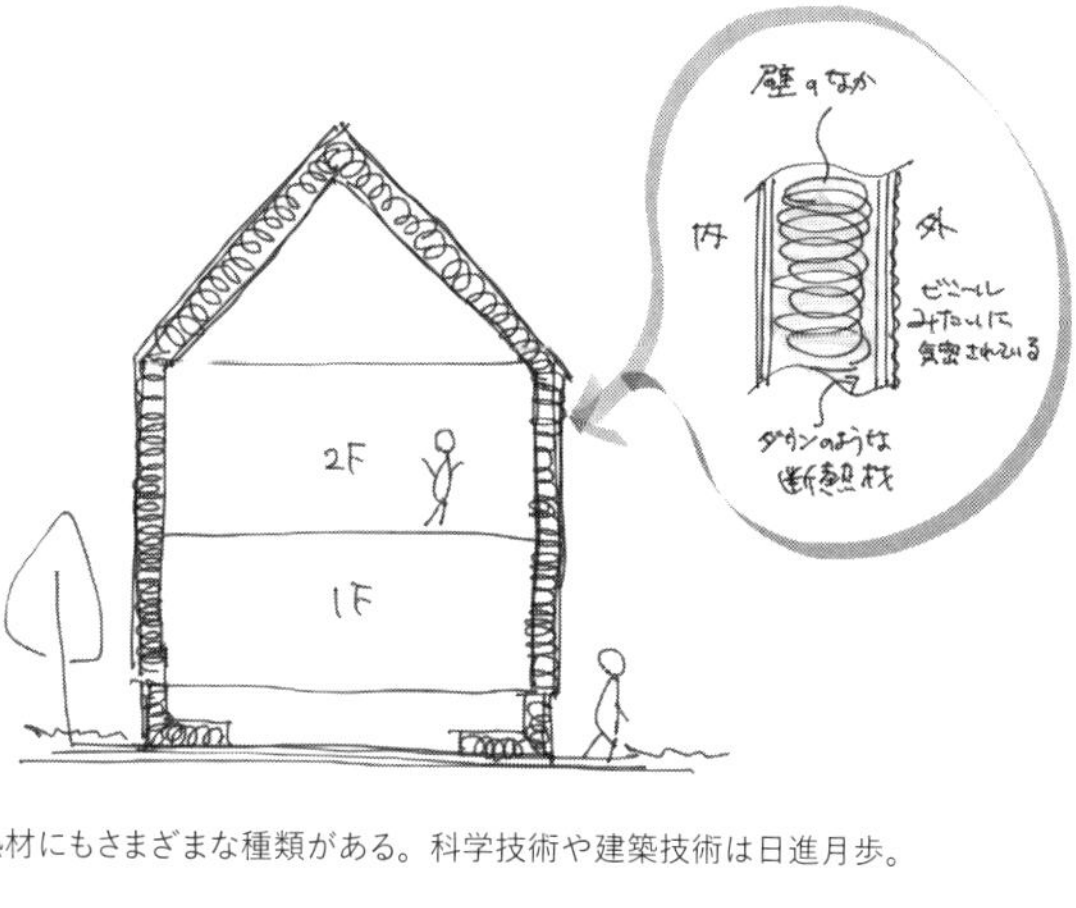

1-3｜断熱材にもさまざまな種類がある。科学技術や建築技術は日進月歩。

廊下をなくせば部屋が広くなる

ちなみに、「家全体がダウンジャケットを着ているようなもの」とはいっても、「ただし真夏は死にそうに暑い」というわけではもちろんありません。外気の温度に影響されにくいとの意味ですから、夏はいったん冷房で室内の温度を整えれば、その室温がひたすらキープされやすいというわけです。

また、「廊下がないと各部屋が区切られなくて、プライバシーが保たれないのでは？」と思う人がいらっしゃるかもしれません。大丈夫です。壁を設けることで部屋を区切ったり、間取りによってプライバシーを保ったりすることはいくらでもできます。

しかも、「音も完全に聞こえないようにしたい」「家族の気配は感じたい」「視線だけ遮れればいい」など、プライバシーをどの程度確保したいかに応じた工夫も可能です。

なぜなら、廊下をつくらずにすむことで間取りの自由度が増しているからです。廊下がなくなったぶんだけ省スペース化でき、限られた面積をより有効活用できるようになったのも素晴らしい変化です。

窓の話

窓をつくりすぎてはいけない

「大開口がほしい」の罠

戸建てやマンションのモデルルームには、やたらと窓が多いものがあります。「明るくて素敵！」との印象を内覧者に与えがちですが、実は要注意です。というのも、窓は家の断熱性能に大きく影響するからです。窓が多ければ多いほど室内と外気との接触面積が増えるため、断熱性が損なわれるのです。

それでも「外の景色を眺めたいから大開口の窓がほしい」とリクエストする人は少なくありません。もちろん、そこから眺める景色が抜群に素晴らしく、その家の個性として価値があるのなら、前向きに検討すべきだと思います。

しかし、周囲の環境との兼ね合いを考えることも忘れてはなりません。窓に面した通路の人通りが多かったり、隣の家の窓との距離が近かったりする場合、カーテンを閉め

1-4｜「明かりだまり」から取り込んだ柔らかい光による落ち着いた空間。

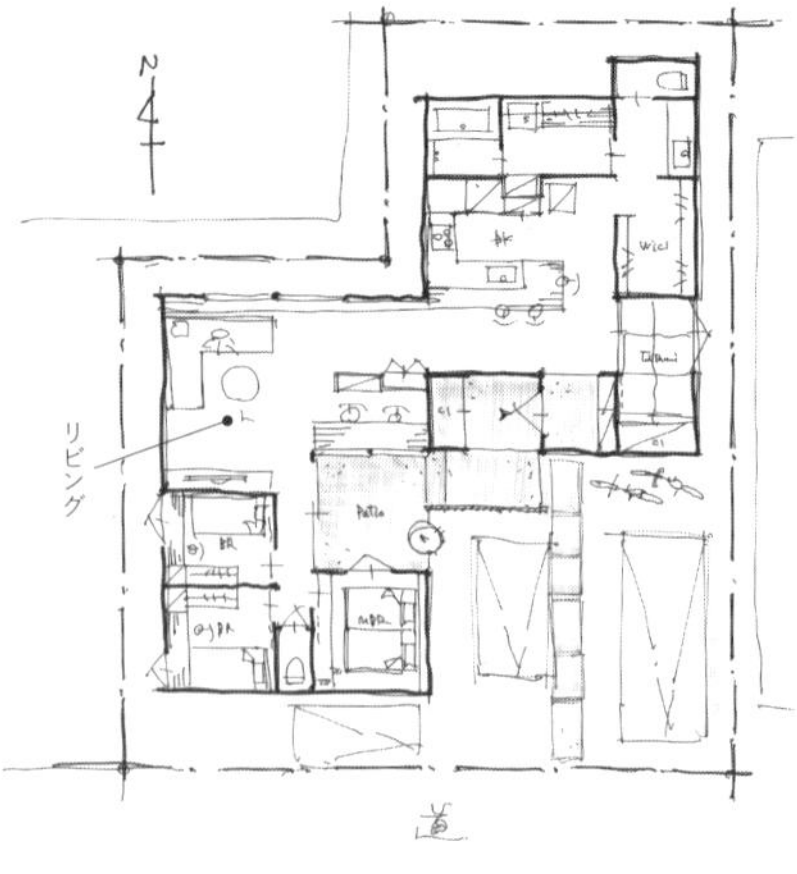

1-5｜プライバシーを確保するため、南側の道路に面した部分には一切窓を設けていない。

切らざるをえなくなることもあります。これでは断熱性を落としてまで窓をつくる意味がありません。

以上の理由から、窓は「適材適所」につくることが肝要です。多ければいいわけでは決してなく、「ここぞ」という場所に最適なサイズと形式の窓を設けることが重要なのです。

「窓がないと部屋の換気状態が悪くなりそう」と思う人もいらっしゃるかもしれませんが、現在の新しい住宅には「24時間換気システム（自動的に室内の空気を入れ替える仕組み。2003年の改正建築基準法の施行によって義務化）」が必ず入っていますので、それが作動している限りは換気に問題が起こることはありません。窓から直接取り入れる空気や風も気持ちのよいものですが、窓を開け放しておけるほど気候のいい時期は一年のなかでもほんのわずかなタイミングのみです。そのために断熱性を犠牲にするのは、トータルで考えてあまり賢いやり方とはいえないでしょう。

直射日光より「明かりだまり」

窓の役割には、もう一つ重要なものがあります。室内に明るさを取り入れることです。ただし、ここも誤解している人が多いですが、必ずしも「南」に設けられる必要はないのです。

みなさんもご存知の通り、南は太陽の明るい光を取り入れるのに理想的な方角ではあります。冬は太陽の位置が低くなるので部屋の奥まで光が差し込み、夏は太陽の位置が高くなるため、軒さえきちんとつくられていれば日光が室内に届きすぎることもありません。だから多くの人が「南向きの家」「南向きの窓」を求めるわけです。

しかし、室内に日光の明るさを取り入れるのは南向きの窓でなくても可能です。実は、北でも東でも西でも、どの方角でも大丈夫です。

それを可能にするのが「明かりだまり」です。直射日光ではなく、日光がたまる空間から間接的に光を取り入れるのです。間接的にとはいっても、薄暗いわけでは決してありません。直射日光のようなダイレクトでギラギラした明るさではありませんが、「明るいな」と感じるには十分なものです。

図1－5を見てください。北西の角が切り取られた逆L字の敷地に建てられた平屋のおうちです。人目を避けるため、道路に面している南側には窓を一切つけたくないとリクエストされましたが、住宅がひしめき合う密集地であり、平屋で明るさも妥協しないのは、本来であればなかなか難しいケースです。

このおうちに光を取り入れるポイントは、へこんでいる北西のスペースを最大限に活用することでした。ここに面したリビングをキッチンとつながる形で高天井にし、北側の高い位置に窓をつくることで、逆L字のへこみスペースを「日光がたまる場所」とし、この明かりだまりから室内に明るさを取り入れるのです（写真1-4）。

窓は高い位置につけられているため、隣接する家からの視線を感じることもありません。また、この家の場合、リビングの斜めの位置に設けた中庭からも東の日が入りますので、直射日光による明るさとは違う、あたたかな明るさを常に感じることができます。逆L字の敷地という異形地ならではの、光の取り込み方です。

窓は適材適所に

「窓は適材適所に」の意味が、おわかりいただけたでしょうか？　南向きの窓でなくても、たくさん窓をつくらなくても、明るく快適な室内環境を整えることは設計の工夫次第でいくらでも可能なのです。

玄関の話

玄関ドアに飾りはいらない

玄関ドアを選ぶときの唯一の正解とは

家を建てる際は、いろいろなパーツの種類やグレードを選ぶことになりますが、「玄関ドア」もその一つです。ひとくちに玄関ドアといっても、オーダーメイドでつくるものもあれば既製品もあり、実に多様な種類があります。カタログを眺めても、いったいどれがよいのかわからなくなります。

その家のテーマやコンセプトに合わせて各パーツを選ぶべきですが、実は、玄関ドアに関しては、答えは一択だと私は考えています。「一番シンプルなもの」です。特に、ガラスなどの飾りがあるドアはおすすめできません。

なぜ飾りがついているものはやめたほうがよいのか。まず一つは、飾りの枠に埃《ほこり》やゴミが溜まりやすいからです。蜘蛛が巣を張ることもあります。玄関ドアは人目につきやすいこともあり、その一部が汚れているのは気持ちのよいことではありません。とはいえ、しょっちゅう掃除をするのも大変です。デザイン性の高い凝った装飾は、なおさら掃除に手間がかかります。

もう一つの理由は、防犯のためです。たとえば、飾り部分のガラスを割られてしまったら簡単に鍵を開けられてしまいます。

そんなわけで、玄関ドアは、とにかくシンプルなものを選ぶことをおすすめします。玄関ドア全体にデザイン性もないほうがいいです。なぜかというと、あまりデザイン性の高いものを選んでしまうと、「あの玄関ドア、あの時代に流行ったデザインだよね」となりやすいからです。どんなデザインにも流行や時代性があります。玄関という家の入り口で個性を主張しすぎると、後々後悔する可能性があるのです。

飾りもなく、デザインもシンプルな玄関ドアは意外と数が少なく、何百というリストの中でもせいぜい2〜3種類しかないはずです。かまいません、迷わずそれを選んでください。

「シンプルなものほど長く愛せる」は、こと玄関ドアにおいては真実なのです。しかも、ガラスが入ると値段が上がりがちですので、何も付いていないシンプルなドアがコスト面でも一番おトクです。玄関の明るさは、玄関ドアのガラスではなく、室内の別の場所からとればすむ話です。

当たり前に、プロの建築士は、家全体をトータルで俯瞰したうえで玄関ドアをはじめとするパーツ選びを提案します。逆に、「ぶつ切り」の設計をしてしまう人ほど、パーツ一つひとつのセレクトを建て主自身に任せる傾向があります。「建て主が希望したから」との免罪符を得られるからです。

家づくりにおいては「パーツ選び」が一種のイベントになりやすく、「好きなパーツを選んだ」ことに満足し、それを「家づくり」だと受け入れるケースも多いです。しかし、大事なのはトータルで見たときの「家」であり、望む暮らしを叶える「軸」を意識したパーツ選びなのです。「木を見て森を見ず」ではありませんが、パーツという細部のセレクトに気をとられ、家全体のあり方を意識することを忘れないようにしたいものです。

「上がり框《かまち》はまっすぐ」と誰が決めたの？

玄関といえば、「広くしてほしい」とリクエストされることも多い場所です。賃貸アパートやマンションの玄関は狭いことが多いため、不満を抱いている人が多いからでしょう。しかし、実は、玄関それ自体のスペースをそんなに多くとらなくても「広い」と感じる設計はできます。

昭和の家によくあったような靴箱と土間部分と上がり框とがセットになった「ザ・玄関」ではなく、室内とのつながりを大きくとるのです。感覚的に「玄関ホール」と思える広がりのある空間をつくればよいのです。実は、靴を脱ぐスペースそのものにそんなに広さは必要ありません。大事なのは室内との一体感であり、「広がり」の体感なのです。

そのためには、玄関と室内を仕切るようなドアや壁は極力つくらないことがポイントです。広さには「体感」「視覚効果」の要素が大きく影響してくるため、玄関から入ったときの室内の見え方や景色といったものをかなり意識して私は設計します。「玄関から入ってきた人の体をどっちに向けたいか」、つまり「どっちを見てほしいか」によって、玄関ドアの開き方の左右を選択したり、あえて上がり框を斜めにしたりすることもあります。

ちなみに、「上がり框」とは、室内と玄関とを仕切るための段差の側面部分のことです。玄関の入り口に対して平行であるのが一般的ですが、斜めにしてはいけないというルールはありません。斜めに設けることで、入る人の体の向きをコントロールすること

1-6｜計算し尽くされた玄関ホールと室内とのつながり。上がり框が斜めのケース。

ができ、「広さを感じやすいような景色」へ目線を向けさせることができます。また、斜めにすると直線部分が長くなるため、広く感じやすい効果もあります（写真1－6）。

玄関を広く感じさせるための工夫

ほかにも、土間部分が多いと人は「玄関が広い」と感じやすい傾向があります。そのこともあり、最近は土間でつながった玄関収納スペースをつくるケースも増えています。土足のままそのスペースまで進めるため、複数人が一気に玄関から入ってきても混雑しにくく、スムーズに室内へ移動できるのがメリットです。ちなみに、室内からもアプローチできるよう、この土間収納スペースの一角にラグやマットを敷くのもおすすめです（写真1－7）。お子さんの外遊び道具や、外で使うようなスポーツ用具等を収納するスペースでもありますので、裸足のままラグやマットをつたって土間へ入れると外出の支度がしやすいうえ、掃除や家事といった日々のお手入れの面でも非常に便利です。

なお、土間収納をつくるスペースをとるほど室内の面積に余裕がない場合は、玄関の出入り口から動線のよいところに、見た目も損なわないような後付けの外収納を設置することをおすすめしています。家の外に置いてもすむものを、わざわざ室内の面積を削ってまで無理に室内に収納する必要はないからです。

1-7｜最近増えている、土間部分の広い玄関。ラグをうまく活用したい。

階段の話

その吹き抜け、成功してますか？

階段こそ設計の腕の見せどころ

階段を、単に上下の階をつなぐための通路と思っていませんか。役割としてはもちろんそうですが、階段をつくるのにもスペースは必要です。およそ1坪～1坪半を使ってつくるのなら、単なる「通路」だけではない付加価値のあるものになったらいいと思いませんか？

また、「広い家にするために平屋ではなく2階建て（あるいは3階建て）にしたけれど、上り下りが億劫で……」との話もよく耳にします。どうせなら、上り下りするタイミングも心がウキウキするような「心躍る階段」にしたいものです。

階段自体をデザイン性のあるものにするのも一つの方法です。アイアン素材にしたり、ナチュラルなウッド素材にしたりと、そのおうちのコンセプトに合わせて手すりや踏み板を選ぶことでおしゃれな雰囲気になります。

また、最大のポイントは、上り下りする際に目に入る景色を意識して設計することです。たとえば、中庭の緑が眺められるような場所につくれば、視覚的な広がりと緑による癒やしを感じることができ、上り下りする時間が苦になりません（写真1－8）。

もちろん、「どこを見せるべきか」は家ごとに異なります。家全体の動線にもおおいに影響してきますので、実は階段の設計というのは非常に難易度が高いテーマなのです。階段が家のどこにあるかで家全体の設計が大きく左右されるため、建築士の腕が試されるポイントです。「階段の場所をどこにするかは私に任せてください」と胸を張って言える建築士は、腕があると考えて間違いないでしょう。

階段下をどう使う？

階段といえば、下のスペースをどう使うかも大事です。ひと昔前の家では「階段下収納」として小ぶりの納戸のように使われることも多かったですが、実はさまざまな使い道があります。

たとえば、ワークスペース。棚やデスクを置いて書斎のように使うこともできます。

あるいは、スツールと大ぶりのクッションを置いてちょっとしたフリースペースとして使うこともできます。小さいお子さんがいらっしゃるご家庭なら遊び場にしてもよいですね。そのご家庭のライフスタイルに応じてさまざまなアレンジが可能です。

吹き抜けを「なんとなく」つくると失敗する

ちなみに、階段をつくると上下階を貫く空間が生まれるため、必然的に吹き抜けができます。吹き抜けに憧れを抱く人は一定数いらっしゃり、「ぜひ吹き抜けを」とリクエストする人は多いですが、あえて特別に設計しなくても階段をうまく利用すれば広がりのある空間が実現できるのです。いずれにしろ、せっかくスペースを使って階段をつくるのであれば、その空間を最大限に有効活用したいものです。もちろん、豪華な螺旋階段などをつくらなくても素敵な吹き抜けはつくれます。

ちなみに、土地の形状や周辺環境によって、上の階から明るさを取り込む必要がある場合に吹き抜けをつくることもあります。あるいは、お子さんがいらっしゃるなど、上下階のどちらにいても家全体の気配を感じたい場合に家全体のつながりを演出することもできます。「開放感がありそう」「なんとなくの憧れ」でリクエストされる人も多い吹

1-8｜階段下を休憩スペースに。階段の上り下りの際に中庭の緑が見える。

き抜けですが、実用的な利点もたくさんあるのです。

吹き抜けに限った話ではありませんが、ライフスタイルと要望に応じて、適切な位置と規模で希望を実現することが大事です。単なる憧れ以上の意味を持たない吹き抜けは、スペースとお金の無駄遣いになることもあります。序章で紹介した、1億円をかけて「こんなはずじゃなかった」家を建ててしまった男性のおうちにも実は吹き抜けがあるそうです。ところが、「まったく心躍る吹き抜けではなかった」そうで……。ただ設けるだけで明確な意図がなければ、残念な結果になることもあるのです。

開放感を演出する方法は吹き抜けだけではないことも頭に入れておくと、無意味な空間をつくらずにすむはずです。

天井の話

高ければいい、という思い込み

高級ホテルの部屋はなぜ広く感じるのか

高級ホテルの部屋の天井は、一般住宅よりも高くつくられています。部屋面積が広いと視界が広がり、天井に目がいきやすくなるからです。また、洋式のホテルでは靴を履いたまま入室するため、靴底の厚さの分だけ身長が高くなり、一般住宅と同じ高さの天井では窮屈に感じてしまいやすいのです。

そのような理由から高級ホテルでは天井が高くつくられていることもあり、家を建てる際にも憧れから「高天井で」と希望される人はわりといらっしゃいます。

規格サイズで建築するのが一番リーズナブル

もちろん、天井は低いよりは高いほうが開放的な感覚を味わいやすいのはたしかでしょう。しかし、デメリットもあります。一つは、日々の光熱費が高くつくことです。当たり前と言えば当たり前ですが、空間が広ければその分だけあたためたり冷やしたりの空調のコストが余分にかかります。

また、建築の面でも、高天井は非常にコストが高くつきます。というのも、住宅はモジュール（基準寸法、基準単位）に沿ってつくられます。一般的な天井の高さは2・4mであり、既製のドアや窓、襖といった建具はその高さに合わせてつくられています。つまり、通常より高い天井をつくるのならば、規格サイズとは違う建具を用意しなければならないのです。当然ながら、その分の金額は建築費に上乗せになります。しかも、2階建て以上の場合、天井が高くなるだけ階段に必要な段数も増えますので、そこでも建築費が上乗せになります。

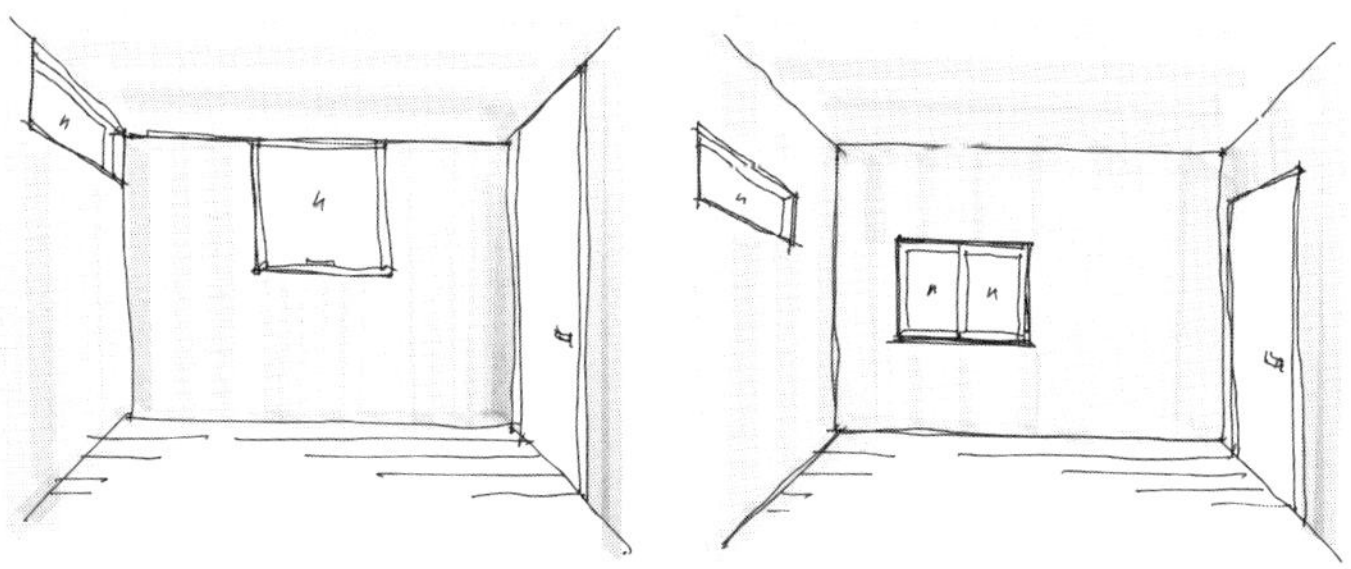

1-9｜左のほうが整然としており、空間に広がりを感じやすい。

コストをかけずに開放感を演出する小技

その事実を知ると「じゃあ、普通の高さの天井でいいや……」となりやすいですが、がっかりすることはありません。天井を高くしなくても空間に広がりをつくることはできるからです。

部分的に吹き抜けをつくったり、間取りを工夫したりといったことはもちろんですが、実はもっと簡単な方法で空間に開放感をつくることはできます。それは「建具の上辺を揃えること」です。建具とはドアや窓、襖などでしたね。加えて備え付けの棚など、壁にはいろいろなものが取り付けられますが、図1-9のようにこれらの上辺の高さを揃えると空間がスッキリと整い、視覚効果で開放感や広がりを感じることができます。つまり、高さよりも「バランス」が大事なのです。

2・4mという高さは、決して窮屈感のある高さではありません。さらに建具を取り付ける位置や間取りを工夫するだけで、大きなコストをかけずに広がりのある空間を実現することはできるのです。

バルコニーの話

家の寿命を縮める危険も

日常的にお手入れができますか？

バルコニーやベランダは何のためにあるのか。そう問われたら、みなさんは何と答えるでしょうか。

おそらく、「布団を干すため」「洗濯物を干すため」と答える人が大半ではないでしょうか。実際、ひと昔前の家のバルコニーやベランダでは、晴れた日には布団や洗濯物がところ狭しと並んでいたものです。

このように干した布団や洗濯物からは糸くずや埃が落ちます。人の出入りがあるため、服に付いていた埃や髪の毛なども落ちます。バルコニーやベランダの床に落ちたこれらのゴミは雨風で少しずつ移動し、排水溝にどんどん溜まっていきます。しかし、こまめにバルコニーやベランダの床や排水溝を掃除できる人はなかなかいません。室内の掃除だけでも大変なのに、そこまで気を回すことはなかなか難しいですよね。ところが、そのように排水溝にゴミを溜め込んだまま放置しておくと、詰まって雨水やエアコンの室外機の排水などがきちんと流れなくなります。そうなると建物の壁の隙間に水が入り込み、躯体、つまり家本体がどんどん傷んでいきます。家の寿命が縮まるのです。

つまり、バルコニーやベランダは日常的に掃除という手入れが必要な場所であり、しかも、10年に1回は必ず業者によるメンテナンスを必要とします。そういった各種のコストをかけてまでバルコニーやベランダをつくりたいでしょうか？　私は、「布団や洗濯物を干すためだけであれば、絶対につくらないほうがいいです」といつも伝えています。では、布団や洗濯物はどうすればいいのか。簡単です。室内に干せばいいのです。

布団も洗濯物も外に干す必要はない

「でも、室内に干すと生乾きのにおいが気になる……」という人もいらっしゃると思います。大丈夫です。前述した「24時間換気システム」が作動している限り、家の中の湿度は常に快適な状態に保たれます。夜に洗濯して干しておけば朝にはだいたい乾いています。

1-10｜洗濯物が干せる機能的なランドリーコーナー。

わざわざランドリールームをつくる必要もありません。正確に言えば、写真1-10のような、「ランドリーコーナー」を兼ねた、洗濯物を干せるスペースを設計します。昔の家にあった、サンルームのような独立した専用の場所をつくる必要はありません。現在の住宅の性能なら、直射日光にあてなくても洗濯物は十分に乾くからです。

布団についても同様です。室内の湿度はコントロールされていますので、朝起きて布団をペロンとめくっておけば、すぐに湿気は抜けます。どうしても干したければ、外ではなく室内の階段の手すりにでも掛けておけばよいでしょう。それに、蛇足ではありますが、羽毛布団は本来、調湿性を備えた素材であり、太陽の光にあてると布地が傷みやすいため、陰干しが推奨されています。つまり、外に干す必要がないのです。

布団や洗濯物を外に干さなければお天気を気にする必要もなくなり、家事負担やストレスも非常に少なくなります。しかも、外から家を見たときに洗濯物や布団がぎっしり並んでいる様子は、お世辞にも見栄えがよいとはいえません。

稀に、「子どもがおねしょしたときなど、外に干さざるをえないときもあるから」と、外に布団を干すための場所を強く望まれる人もいらっしゃいます。その場合は、一部の窓にステンレスのポールを取り付け、必要な際はそこに掛ける形で布団を干せるような仕様をおすすめしています。おねしょ布団のためだけにバルコニーやベランダをつくるのは、あまりにもったいないからです。

つくるなら「意味のある場所」に

バルコニーやベランダをつくることをおすすめするのは、布団や洗濯物を干す以外の「絶対につくるべき理由」があるときだけです。場所もお金もかけてつくるからには、意味のある空間にすべきです。たとえば、そこにジャグジー（ジェットバス。ジャグジーは商品名ですが、本書では便宜的にジャグジーと呼ばせてもらいます）をつけたり外用のソファセットを置いたりして「遊ぶ場所」「くつろぐ場所」にしたいという要望があるときなど。このような目的であれば、面積とお金をかけてつくる価値があります。

すべてのスペースに言えることですが、どうせつくるのなら、「なんとなく」ではなく、「意味のある場所」にしましょう。

トイレの話

広さは正義か

汚れやすい場所はなるべくコンパクトに

トイレへのリクエストでよくあるのは「広くしたい」「トイレ内に手洗い場をつけてほしい」「1階と2階にひとつずつつくってほしい」などです。

今住んでいる家のトイレが狭いと「掃除のときに便器が肌に触れて気持ち悪い」「体があちこちにぶつかる」などの理由で、新しいトイレに広さを求めるようになりやすいです。気持ちはわかります。

しかし、広いトイレは実は考えもので、トイレが広いと掃除すべき床面積が増えるのです。また、ときどきお目にかかることがありますが、壁の横幅にゆとりをもたせすぎた結果、便器とトイレットペーパーホルダーとの距離が離れすぎて、便器に座った状態でトイレットペーパーに手を伸ばしにくくなることがあります。一日に何度も使う場所ですから、不便になるのは避けたいものです。

家事負担を冷静に考えよう

「トイレ内に手洗い場をつけてほしい」「1階と2階とにひとつずつつくってほしい」も、ついリクエストしたくなる気持ちはわかりますが、慎重になったほうがいいというのが私の考えです。いわゆる「水まわり」ですので、こまめな掃除やお手入れが必要だからです。ただでさえ、トイレをはじめ、台所やお風呂、洗面所などの水まわりは放っておくとカビが生えたり臭くなったりするので、こまめな掃除が欠かせません。そこに加えて、トイレの数が増えたり、さらにはトイレの中の手洗い場までお手入れしなくてはいけなくなったりすることは、家事負担をどれだけ増やすことになるでしょうか。

水まわりの箇所が増えると、掃除をするためのスポンジや雑巾、洗剤といった備品もそれぞれの場所に必要になります。トイレが2つになれば、トイレットペーパーやサニタリー用品などのストックも2倍必要です。労力面もコスト面も大幅に負担が増えるのです。

家族の多いご家庭では1階と2階にそれぞれトイレを設置することが吉と出ること

1-11｜家事負担と生活満足度は直結する。狭くてもおしゃれなトイレの実例。

も、もちろんあります。しかし、将来的に2つあるトイレのうち片方しか使わなくなることで新たな問題が発生する可能性があります。実は、トイレは日常的に水を流さないと臭くなってしまうのです。どういうことかというと、排水パイプに常に水が溜まっていることで下水からにおいが上がってくることを防ぐ仕組みになっているのです。

これを「封水《ふうすい》」というのですが、しばらくトイレを使わずにいると、水がなくなってにおいを止めることができなくなってしまうのです。「家の中がなんだか臭い、どうやらトイレから来ているらしい」と訴えるご家庭に確認すると、「封水切れ」を起こしているケースがほとんどです。

トイレを2つつくったからには、その家に住む限りはどちらのトイレも日常的に使う必要があることは覚えておいて損はありません。

歳をとったとき狭いのと広いのどっちが正解？

「将来的に介護のことを考えたらトイレは広いほうがいい」と主張される人もいらっしゃいます。車椅子の利用などをふまえての考えだとは思いますが、あまり賛成できません。というのは、介護されるくらいに歳をとると、トイレ内でよろけることも往々にして起こるからです。そのとき、トイレが広いと体を支えてくれるものが何もなく、そのまま転倒したり、壁に頭をぶつけたりします。いっそ狭いほうが、よろけた際も体が支えられるので安全なのです。

また、私は介護施設の設計も手がけたことがあるのですが、基本的に介護施設のトイレにドアはつけません。カーテンで仕切られているのです。これは本人の利用しやすさに加えて介護のしやすさといった利便性を考えてのことです。しかし、自宅のトイレにドアをつけないのは現実的ではありませんよね。

また、介護される人の身体能力や障がいの程度は、人それぞれに大きく異なります。手すりをつける程度で大丈夫な人もいれば、完全に他者に介助されないと用を足せないレベルの人もいらっしゃいます。あるいは、どれほど体が不自由であっても、絶対にひとりでトイレに行きたがる人もいらっしゃいます。そして、介助なしではトイレにも行けないほどであれば、自宅で暮らすケースはそこまで多くはありません。

つまり、将来の介護をふまえての自宅のトイレ設計は、不確定要素が多すぎて非常に難しいのです。将来、家族や自分がどれくらいの身体機能を保てるかは誰にもわかりません。そんなわけで、トイレの設計に将来の介護の要素をふまえる必要は基本的にない、というのが私の意見です。

洗面所の話

「脱衣所とセット」でなくていい

本当に必要なのは2ボウルではなく大きな鏡

トイレ内の手洗い場の話と関連しますが、トイレ内に手洗い場をつけない場合、トイレのすぐ近くに洗面台を設置することで生活動線をよくすることができます。また、よくある「家族の朝の身支度の時間帯が重なって洗面所が大混雑」という問題も、洗面所の位置を工夫すれば解決できます。

朝の混雑を避けるために洗面所を2つつくる、いわゆる「2ボウル」をリクエストされる人もいらっしゃいますが、私はあまりおすすめしていません。なぜなら、トイレの話と同様、お手入れが必要な箇所が増えるからです。単純に考えて、洗面所が2つになるとお手入れの労力は2倍になります。

そして、よ〜く考えてみてほしいのですが、洗面台の前で行うのは水を使うことばか

1-12|海外から輸入したものなど、大きな鏡を備えたデザイン性の高い洗面台が増えている。

りではありません。髪の毛をドライヤーで乾かしたり、ヘアセットをしたり、お化粧をしたり、アクセサリーを付けたりといったことは、実は、洗面ボウルがなくてもできます。

逆に、必ず必要なのは「鏡」です。混雑しがちな洗面台に必要なのは、実はボウルではなく「大きな鏡」なのです。

洗面台に大きな鏡を設置すれば、複数人がそこにいてもそれぞれの用事をすませることができます。さらに言えば、鏡を使う場所は洗面台の前でなくてもいいのです。鏡とコンセントさえあれば、別の場所でも身支度やメイクはできます。

洗面台をオープンな場所にもってくるという選択肢

このような背景から、私は、脱衣所から独立したオープンな場所に洗面台を設置することをおすすめすることが多いです。洗面台と脱衣所が分かれていれば、水を使う用事は洗面台、それ以外の用事は脱衣所のほうですますことができます。脱衣所に鏡とコンセントがあれば身支度に何の支障もありません。昔の家は脱衣所と洗面台がセットになっているのが当たり前でしたが、家族の誰かが入浴していたり脱衣所で着替えたりしていたら他の人は洗面台を使いにくいといったことが起こりがちでした。洗面台が脱衣所から独立していれば、この問題はすっきり解決するのです。自宅に人を招いた際も、生活感が見えやすい脱衣所を目に入れることなく洗面台を利用してもらえるので、気持ちが楽です。

写真1－12のように、最近の洗面台は海外メーカーのものなど、非常におしゃれで見栄えのするものがたくさんあります。現代は、高級ホテルのようなオープンな「見せる（魅せる）洗面台」の選択が非常に現実的になっているのです。

ただし、このような洗面台をつくる場合、気をつけなければいけないのが「収納の仕方」です。脱衣所ではないオープンな場所に置くのですから、あまりに生活感があふれていたりごちゃごちゃしていたりするのは嫌ですよね。収納計画はあらかじめしっかり考えておくべきです。

鏡収納はやめておこう

具体的に言うと、鏡収納はやめて、オープン収納にするのがおすすめです。鏡収納とは、よくある、鏡を開けると中が収納になっているもののことです。賃貸アパートやマンション、昭和の住宅の多くで採用されていた洗面台収納の形式です。

この収納スタイルの何が問題かというと、まず、鏡を素手で触って開け閉めするため、鏡が非常に汚れやすいことです。指紋、メイク用品の汚れなどがベタベタに付くと落とすのは大変です。また、開け閉めの度に鏡が見えなくなるのも地味に不便です。

一方、オープン収納とは、洗面台の周りに棚を設置し、そこにアイテムを並べたり、カゴやケースを置いたりしてその中に収納するやり方です。その名の通りオープンな状態なので、並べるアイテムや収納グッズは見えても気にならないようなものを選ぶ必要があります。その洗面台や家に合う収納グッズを見つける自信がない場合は、建築士やインテリアコーディネーターに相談するのもありです。家全体とのトータルコーディネートを考えて的確なアドバイスをくれることでしょう。私も担当したおうちのインテリアや小物の提案をしたり相談にのったりすることはとてもよくあります。

ちなみに、スペースの関係で鏡収納にせざるをえない場合は、中にケースなどを入れる形で「スキンケアグッズ」「メイクグッズ」といった用途別に収納し、鏡の開け閉めの回数を最小限にすれば、鏡が汚れるのを減らすことができます。

夢を持ちすぎていませんか？

お風呂は汚れを落とす場所

一日の汚れと疲れを洗い流す場所、「お風呂」。家を新築するに際し、よりリラックスできる場所にしたいと考える人もいるかもしれません。

しかし、安易に広くするのは要注意です。トイレや洗面台の話と重複しますが、お風呂はとにかく汚れやすい場所です。こまめな掃除が必要であり、しかもバスタブのみならず床、壁、あるいは天井と、掃除範囲も大変広いです。通常の規格サイズ以上に大きく・広くすることは、家事負担の観点からあまりおすすめできません。

また、限りある面積を浴室で多めに使うと、他のスペースにしわ寄せがいきます。他のスペースを削ってでも浴室を広くするほど、入浴に思い入れがあるでしょうか……？

広くするとランニングコストも上がる

第一、戸建て住宅の浴室は賃貸アパートやマンションと比較して広めにつくられています。特別に大きく・広くしなくても、規格サイズで十分広いのです。それ以上に大きく・広くしようとすると、規格外になりますので建築の段階でコストが上乗せになります。また、バスタブが大きいと湯量もそれだけ必要になるため、日々の水道代とお湯をわかすガス代や電気代も多くかかります。毎日入浴される人が多いでしょうから、イニシャルコスト（初期費用）のみならず、日々のランニングコストまで高くなってしまうのはあまり嬉しいことではありません。

「子どもと一緒に入るから広いほうが助かる」とおっしゃる人もいますが、お子さんと一緒に入浴する期間はほんの数年です。そのわずかな数年のために、お子さんが巣立った後も続くお風呂掃除に通常以上の労力を費やしたり、他のスペースが狭くなったりするのは、ちょっと考えものではないでしょうか？　ちなみに、細かすぎる話で申し訳ありませんが、洗い場が広いとシャワーホースも長いものを付ける必要があります。掃除の際に届かないからです。このシャワーホースも日々の入浴で汚れたりカビが生えたりしますので、長ければ長いほど掃除の手間がかかります。

設備はシンプルなものがいい

夢のないことばかりをお話しして、「せっかく新居ではお風呂を楽しもうと思っていたのに」と、ガッカリしたかたがいらっしゃったらごめんなさい。もちろん、お風呂にこだわったおうちづくりをするケースもあります。たとえば、浴室の窓に面した外の景色が特別に素晴らしいものであるとか、日々のランニングコストなどまったく気にする必要がないほどお金に余裕がある、などです。ただ、かなりの少数であることは間違いありません。お風呂につながる脱衣所やランドリースペースなどは生活感が出やすいため、その一帯すべてをホテルライクにしなければお風呂のスタイリッシュさが映えないという課題もあるからです。

このようなことをお話しすると、「せっかくお風呂にこだわってもお風呂に入っている時間にしかそれを楽しめないし、じゃあ、別のところにそのお金や面積をまわしたほうがいいかも」と多くの人は考えるようになります。リラックスするのは他の場所でも叶えることができます。

お風呂は汚れを落とす場所であり、掃除の手間のかかる場所です。であれば、家事の手間が最小限になるよう、設備はシンプルで機能的なものを選ぶのが正解だと私は考えます。

ちなみに、お風呂やトイレをはじめとする水まわりの設備については、ショールームでは最新のアイテムを紹介されることから、オプションの機能を追加したくなる人がほとんどだと思います。しかし、センサーや自動機能などの機械ものは故障しやすいことを念頭に置いておいてください。利用頻度や使い方にもよりますが、メンテナンスも自分では難しいうえ、故障した際の修理費用もばかになりませんので、数年後に結局交換する（買い替える）ことになったという話をよく聞きます。

電機製品は便利ですが、長持ちするものはそうそうありません。「センサー式」「自動水栓」「スマートキー」など、住宅の機能を自動化するオプションはたくさんありますが、よくよく考えて選択しましょう。アナログな仕組みのもののほうが長持ちすることは間違いありません。

部屋に名前をつけるデメリット

「未来」のために「今」を犠牲にするリスク

「○○部屋」と、部屋に名前をつけると固定観念ができてしまい、自由な家づくりがしにくいように思います。

その代表格が「子ども部屋」です。まだお子さんがいらっしゃらない状態でも「将来のことを考えて子ども部屋は2つか3つほしい」と望む人はたくさんいらっしゃいます。

しかし、個室を3つつくるのにはかなりの面積を使います。その分、他のスペースが犠牲になったり、広い土地を探さなくてはいけなくなったりして土地代も建築費も多くかかってしまいます。

実際にお子さんを2～3人持つかはわからないうえ、個室が必要な期間は中学・高校のだいたい6年程度です。大学まで入れてもマックス10年です。その後、お子さんが巣立ったらその部屋はどうなってしまうのでしょうか。

このように考えると、不確定な未来のために「今」を犠牲にするようにも思え、なんだかもったいない気がしてしまいます。

ニュートラルな部屋の使い方

私が提案しているのは、「将来、子ども部屋としても使える多目的な空間」をつくることです。現時点では壁やドアでセパレートせず、広めのスペースにしておきます。お子さんが生まれたときには人数に応じて家具やパーテーションなどを使って仕切れるような計画を立てつつ、今は広めのフリースペースとして活用するというわけです。

こうしておけば、将来、お子さんが生まれ、さらに巣立った後も、再びフリースペースとして別の目的で使うことができます。趣味を楽しむ場所にしてもよいですし、お子さんが帰省された際の居場所にもなりそうです。来客や、ゆくゆくはお孫さんがいらっしゃったときに使ってもよいですね。家族構成やライフスタイルの変化に応じて自在に活用できます。

広いスペースはいくらでも使いようがありますが、それを2つや3つの個室に分けてしまうと用途はずいぶん制限されてしまいます。このように、名前をつけず、可変性を大事にしたニュートラルな空間の使い方をしたほうが自由な間取りがつくれますし、面積も効率的に使えます。

家のどこにいても勉強できる

このような空間の使い方ができるようになったのは、テクノロジーや設備の進化によるところが大きいです。41ページで、気密性と断熱性のお話をしたのを覚えているでしょうか？　家全

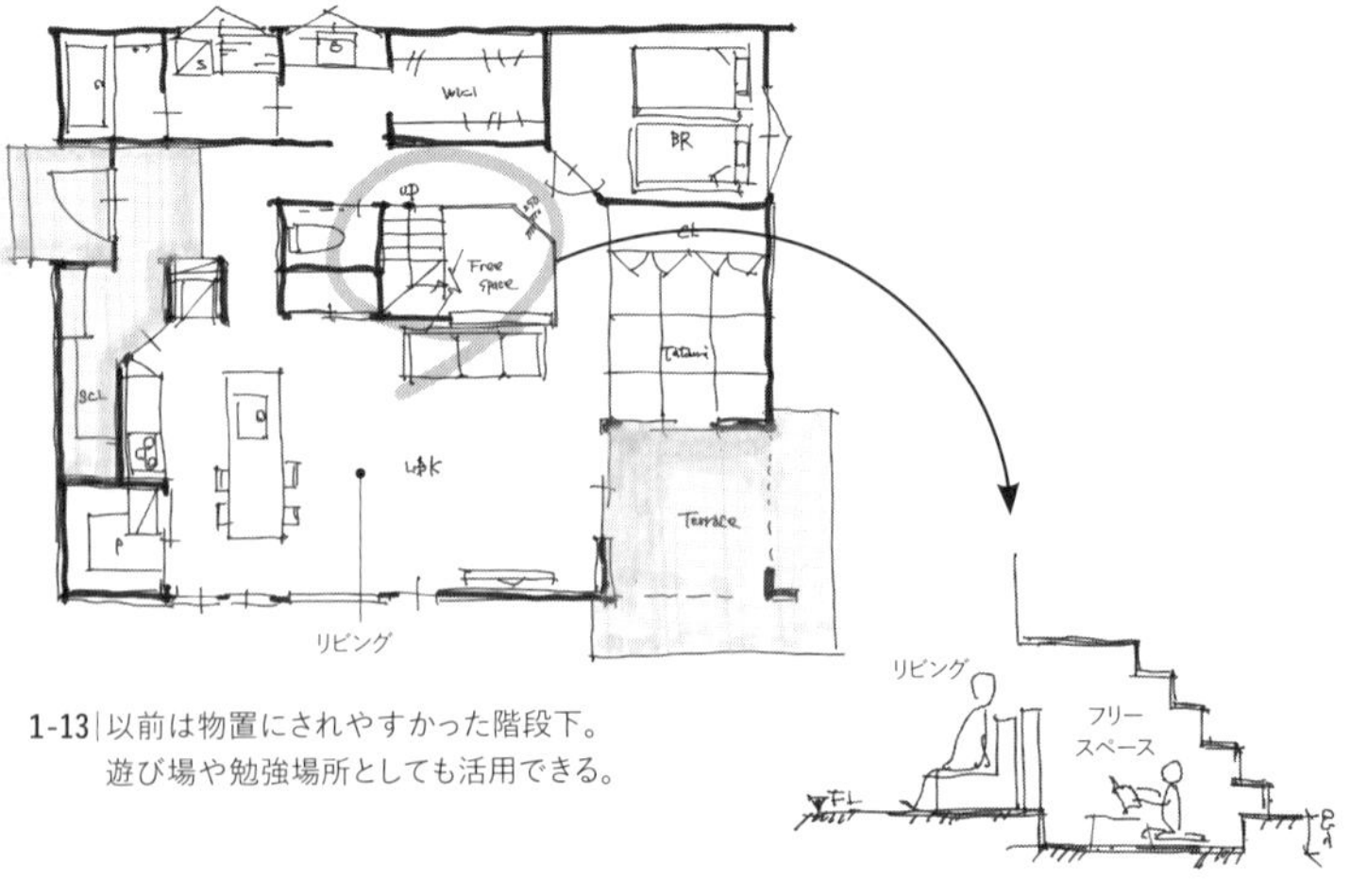

1-13｜以前は物置にされやすかった階段下。遊び場や勉強場所としても活用できる。

体がダウンジャケットを着ているようなものなので、家のどこでも冬はあたたかく、夏は涼しく、24時間快適に過ごせるという話でした。つまり、わざわざ「子ども部屋」をつくってその中を個別にあたためたり冷やしたりしなくたって、家のどこでも勉強ができるわけです。

みなさんもご経験があると思いますが、いつも同じ場所で作業していると飽きてきてダレてしまいがちですが、場所を変えると集中力が復活することがあります。また、図書館やカフェなど、ある程度の人目があるほうが集中しやすいことも多々あります。このような「場所を変えて勉強する」こと

1-14｜読書、勉強、在宅ワークなど、フリースペースなら用途が制限されない。

が、現代なら家の中で叶えられるのです。

プライベートのスペースで勉強するのもよし、ダイニングテーブルでしてもよし、階段下のフリースペースでしてもよし。あえて区切った個室をつくらなくても、現代の家ならどこでも快適に勉強ができるのです。

たとえば図1-13は私が実際に設計をした「階段下のフリースペース」の例です。リビングのソファで親御さんがくつろぐ背中の後ろで、子どもが勉強をしたりゲームをしたりできるようになっています。目で見ていなくても、子どもが何をやっているか気配で感じることができるし、いつでも話しかけられます。

階段下のスペースを無駄にせず、特別な空間に仕立てられたので、自分でも満足のいく設計となりました。

「子ども部屋を広くしてあげたい」という親心もよくわかりますが、勉強は家のどこでもできます。「寝るスペースにプラスアルファ」程度の広さでも十分ですのでご安心ください。

寝室の話

寝るだけの部屋に広さはいらない

大事なのはメリハリ

理想の家をつくるのに無尽蔵にお金を費やせれば言うことはありませんが、普通はどこかで線引きしたり折り合いをつけたりしなくてはなりません。しかし、それは決して「我慢する」ということではありません。

今ある条件のなかで、自分の望む暮らしを叶える設計は必ずできます。大事なのはメリハリです。

トイレやお風呂などの汚れやすく掃除の手間がかかる場所はコンパクトにしたり、個室をつくらずフリースペースにしたりといったこともその一環です。お金と面積をかけるなら、思い入れのある場所に限定しましょう。そうすれば、我慢している感を抱かずに、素敵な毎日を過ごせます。

トイレやお風呂以外に「コンパクトでいい」と私が考えているのは、実は「寝室」です。寝室というと、ベッドを置くことを考えると最低でも6畳はマストと思われがちですが、ミニマム4・5畳でいけます。

「4・5畳!? 無理でしょ」と思われるかもしれませんね。いいえ、可能です。これからご紹介する方法を使えば、です。

その方法とは「部屋全体をベッドにする」です。既製のベッドは使いません。部屋全体にマットレス（あるいは敷布団）を敷くのです。写真1-15をご覧ください。どうでしょう、まったく無駄がないと思いませんか。

そもそも寝室とは？ と考えてみる

そもそも、寝るだけの部屋にそんなにスペースは必要でしょうか。

あえて寝室で趣味の活動をしたりクローゼットを併設したりする必要があるのなら話は別ですが、最近の家は、ウォークインクローゼット兼フィッティングルームのような、家族の服をまとめて収納する場所をランドリーコーナー付近に設けることが多いです。趣味のスペースも、別途で設けることがほとんどです。

1-15｜寝室を省スペース化した分、他の空間に面積を割くことができる。

つまり、寝室は本当に「寝るだけの場所」なのです。

そのような部屋に余分なスペースは必要ありませんし、天井高だってさほどいりません。窓だってなくてもいいくらいです。さらに言うと、ひと昔前の家のように寝室に絨毯を敷いて大きなベッドを置くことは、ベッド下や横の隙間の掃除に苦労するばかりで、メリットはほぼありません。

「部屋全体をベッドに」という新提案

4・5畳のベッドルームと聞くと、狭くて窮屈そうに感じるかもしれませんが、部屋全体がベッドというのは意外と心が落ち着くものです。人間、寝る時はあまりに広々としたスペースより、自分サイズのコンパクトなスペースのほうが安心できるのは、皆さんも感覚としておわかりになるのではないのでしょうか。

そして、ベッドサイズでいえばキングサイズはゆうにこえるので、むしろ贅沢な感じすらします。ベッド感を出すために段差をつくって小上がりにしたり、間接照明を設けたり、壁に飾り棚をつけて上部にちょっとした収納スペースを確保したりすることもできます。

ちなみに、24時間換気システムが動いていれば、マットレスや布団を敷きっぱなしにしても湿気がこもることはありません。朝起きたらかけ布団だけはめくっておくといいでしょう。気になるかたはマットレスや布団を毎日立てかけたり畳んだりしてもよいですが、実際はそこまで心配しなくても大丈夫です。

寝室が4・5畳ですめば、その分、リビングやダイニングなどに広さをもっていくことができます。ベッドも使わないので必要な家具が減ります。掃除も楽になります。コンパクトな寝室はみなさんが思っている以上にメリットが大きいのです。

「目的があいまい」ナンバーワン

「あったほうがいい」という思い込み

つくるべきか迷いがちなのが「和室」です。ひと昔前の家にはだいたいありましたから、実家やおばあちゃん、おじいちゃんのおうちをイメージして考えると「あったほうがいいかも」と思いやすいです。

しかし、その目的を冷静に考えると、「実はそんなに必要ない」という結論にたどりつくことも多いのが実際です。よくあるのが「お客さんが来たときに使うかも」「親が泊まりに来たときに備えて」「仏壇を置くから」などです。親や友人含め、ゲストが来たときに泊まれる部屋を、との考えはよくわかりますが、実際に親が泊まりにくる機会はそんなに多くないのでは？　また、泊まりがけの来客は、だいたい仲のよい友人です。フリースペースになっている場所に寝てもらってもよいのですし、何もわざわざ

「和室」と名前をつけた専用の部屋をつくる必要はないのではないでしょうか。

将来的に必要って言うけれど

仏壇についても同じことが言えます。今すぐ仏壇を置く必要に迫られているのであればしかるべきスペースを用意しなければなりませんが、「長男なので将来的には」「今すぐではないけど、たぶん我が家が引き取ることになると思う」などの状況であれば、今の段階でそのための部屋をつくるのはもったいないです。

また、仏壇は長く使ううちに傷んでくるのでリフォームや買い替えが必要になるアイテムです。特に、昔の家に置かれているものは、部屋の湿度状況がよくないことが多いために、仏壇の後ろがカビたり傷んだりしていることがほとんどです。将来的に引き取る際は何かしらのメンテナンスが必要になるはずです。仏壇のリフォームは非常に高額なため、買い替える選択肢が現実的ですが、その場合、今よりもコンパクトなサイズのものを選択することもありますから、今の時点でわざわざ目的があいまいな和室を用意しておく必要性はますます低くなります。

フレキシブルに使えるスペースとして

このような理由から、「和室」を用意するのではなく、「畳コーナー」や「畳スペース」を間取りの一角につくろうと私はよくご提案します。これならふだんはキッズスペースや収納スペースとして使うことができますし、来客があればそこで寝てもらうこともできます。いよいよ仏壇を置くタイミングがきたら、そこに置けばよいわけです。

「和室をつくらなければ……」から膨らんで、仏間、床の間と、どんどん大掛かりなものをイメージしてリクエストされる人はいまだにいらっしゃいますが、畳のスペースは最低限にしておくのをおすすめします。なんとなくつくった和室がパパさんの万年床として使われていて、なんだかなあ……といった話もちらほら耳にします。目的のない空間をつくると、そこに物を溜め込みやすいのも怖いところです。わざわざ面積を割いてつくるなら、有効活用できるスペースにしましょう。

お茶の心得があるご家族がいるなら、口絵で紹介したように、いっそ「茶室」として使える和室をつくるのがいいかもしれません。

収納の話

計画性なき収納は悪魔のスペース

400万円かけてゴミ溜めをつくってしまった思い出

「収納スペースが多い」というのは、家を買う人に向けて一つのアピールポイントになるようです。備え付けの収納スペースが少ないと自分で収納棚などを買って計画しなければなりませんから、最初からある程度ついていると安心できるのはよくわかります。

しかし、「なんとなく」でつくった収納スペースは悪である、と声を大にして言わせてください。というのも、私自身、収納に関しては苦い思い出があるからです。

以前私が住んでいた二世帯住宅には、屋根裏にロフト形式の6坪（12畳）程度のスペースがありました。「将来的に子ども部屋として使ってもいいし、趣味の部屋にしてもいいし、納戸みたいにしてもいいし」と、まさに「なんとなく」つくってしまったのです。

その家に住んで十数年経ったあるとき、家じゅうを片付けるタイミングがありました。いわゆる「断捨離」をしようと思ったのです。家族みんなに協力してもらい、「3年以上使っていないものは捨てる」というルールで、大型の「ごみバケット」まで用意して臨みました。ごみバケットをクレーンで吊ってトラックに載せ、そのまま処分場に持って行ってもらう算段です。

さて、我が家の本気の断捨離がどうなったか。なんと、ロフト形式の6坪のスペースはものの見事に空っぽになりました。バブル時代のスーツ、昔流行ったスポーツグッズ、日焼けマシン、結婚式で使ったキャンドル、雑誌類、学生時代のグッズ、アルバムなど、存在すら忘れていたようなものばかり詰め込まれていたからです。1坪あたりの建築単価を指して「坪60万~80万円」などとよく言いますが、6坪なら400万円前後はかかっているわけです。つまり、我が家では400万円もかけて用意したスペースに、十数年もかけてただひたすらゴミを溜めていたのです。しかも、ごみバケットの中身を処分してもらうのにも10万円くらいかかりました。

400万円もかけてゴミ溜めをつくり、それを捨てるのにさらに10万円もかけてしまった。その事実に気づき、私は愕然としました。自分たちとしては「収納しているつもり」だったのですから。

この苦い経験から、「なんとなく」でつくった収納スペースは悪だと考えるようになりました。余分なスペースがあると、とりあえずそこに突っ込んでおけばいいと思い、人は物をどんどん溜めてしまいます。しかもそこが行き止まりのスペースだと物を動かすタイミングがないため、何を入れたかも忘れ、延々と溜め込んでいきます。これは「収納」とは言えません。

持ち物の量は人によってまったく違う

収納スペースをつくるのなら、家庭ごとの持ち物の量に合わせた「適量」を、使いやすい「適所」に設計すべきです。一般的な収納量の目安などもありますが、それはあまりあてになりません。ご家庭や人によって持ち物の量はまったく違うからです。一例をあげると、沖縄では長袖やアウターをあまり着ないため本州の人と比べて所持している洋服の量が少ないです。

このように、地域や個人によって大きく異なる持ち物の量に合わせた収納計画を立てるには、そのご家庭や人ごとに「どれくらい持ち物があるか」をしっかり把握することが肝要なのです。

その人の持ち物の量の目安は、洋服の量を聞くとだいたいわかります。私の場合は、洋服を収納するのにひとりごとに「押し入れ何個分が必要か」を申告してもらっています。このとき大切なのは、オールシーズンの服を1ヵ所に収納する前提で考えてもらうことです。人によって「押し入れ2個くらい必要かも」「押し入れ半分くらいで大丈夫」など、大きく差があります。それを家族全員分合わせた量が、そのおうちのファミリークローゼットに必要な大きさです。すでに少し触れましたが、最近の家は家事動線の効率をよくするために、家族全員分のオールシーズンの洋服すべてを1ヵ所にまとめて収納できるスペースを、ランドリースペース付近に設けることが多いです。ウォークインクローゼットでもあり、そこで着替えもすませる想定です。

ちなみに、奥行きが深い引き出しはおすすめしていません。奥行きがあると、何をしまったか忘れやすく、魔のスペースが生まれやすいからです。

適切な収納が生活のクオリティを上げる

適切なサイズの収納を適切な場所に用意すると、家事も日常生活も非常にしやすく、とても心地のよい感覚を味わえます。その日に着たい服をサッと取り出せてすぐに着替えられるような環境は、日々の満足感に直結します。

このような快適な住環境をつくるためにも、その家や人ごとの「収納スペースの適切なサイズ感」を把握することは絶対に欠かせないのです。ちなみに、新居へ引っ越すときには「3年以上着ていない・使っていないものは持ってこないでくださいね」と伝えています。稀に、どうしても捨てられないタイプのかたもいらっしゃって、「使わないけど捨てられないもの」が新居に持ち込まれることもあります。そのときは、天井や床下などの点検口のスペースに置くという救済措置をとることもあります。

LDKの話

中途半端な家ができる理由

全部を広くしようとすると……

リビング、ダイニング、キッチンの頭文字をつなげて「LDK」といいますが、この空間は「食とくつろぎ」のスペースです。家族みんなで過ごす場所だからでしょうか、特にリビングは「広くしたい」と多くの人が声を揃えます。ではリビングを最優先するのかといえば、「大きなダイニングテーブルを置きたい」「家事がしやすいようにキッチンも広くしたい」と続くことがほとんどです。しかし、LとDとKのそれぞれを少しずつ広くしたところで、中途半端な家ができてしまうだけです。

このように、何を優先してよいかわからなくなりがちなLDKのレイアウトを考えるうえで起点にすべきなのは「ダイニング」です。ダイニングは食事をする場所ですよね。ここでどのように過ごすかを明確にすることで、キッチンとリビングの配置やボリュームは自然と決まってくるのです。

食事時間の短い家庭は「キッチンダイニング」が最適

「個食（孤食）」という言葉もありますが、とにかく現代人は忙しいので、せっかく大きなダイニングテーブルを用意しても家族が一緒に食事できるとは限りません。塾や習い事で子どもたちの食事時間は不規則になりがちですし、親御さんといえば、お子さんが食事をしている傍らでバタバタと家事をこなしていることも多いでしょう。

このような、食事にゆっくり時間をかけられない忙しいご家庭には、大きなダイニングテーブルを置くスタイルよりも、キッチンと合体したカウンター形式の「キッチンダイニング」のほうが合っていることも多いです。写真1‐16のように、キッチンと向かい合う形のカウンターで食事をするのです。

キッチンとカウンターがつながっているため、料理やお皿を運ぶために移動する手間が省け、さくっと食事をすませたい人や、家族の食事時間がバラバラなご家庭などには大変効率的なスタイルです。キッチンで家事をしつつ、カウンターで宿題をする子どもの様子を見たり会話したりできるし、忙しい日々のなかでも家族とのコミュニケーショ

1-16|省スペース&時短につながりやすいカウンター形式のキッチンダイニング。

ンを大事にしやすい利点もあります。

なお、このようなカウンター形式の場合、キッチンとカウンターの高さのバランスにはよく気をつけねばなりません。「カウンター用の椅子は高さがあって長く座ると疲れるから通常のダイニングチェアを置こう」と考える人もいらっしゃいますが、カウンターをダイニングチェアの高さに合わせてしまうとキッチン側からカウンターに手が届きにくくなり、家事効率が一気に落ちてしまいます。料理を出したり皿を下げたりといった度にキッチンからカウンターまで回り込む必要が生まれ、わざわざキッチンとカウンターをくっつけるメリットが台無しになるのです。

たしかに、カウンターに合わせた椅子は、太ももが座面と並行ではなく斜めになることから、長時間座るのには不向きです。そのため、このようなスタイルのダイニングを選ぶなら「食事はささっとすませ、くつろぐのは別の場所」が前提条件です。「ダイニングテーブルを囲んでゆっくり時間を過ごしたい」とのご要望がある場合は別の形を考えるべきでしょう。

あくまで、必要もないのに広々としたダイニングスペースを確保することはない、という話です。

リビングで何をして過ごすのか

同じように、リビングを設計する際も生活習慣を意識することが大事です。「広いリビングがほしい」とおっしゃるわりには、「リビングで何をして過ごします？」と尋ねると、「あれ、そういえば、いつもは何をしているっけ……？」と返ってくることが多いからです。

この傾向からもわかるように、リビングは意外にはっきりとした目的のない場所です。なかには、「忙しくてリビングでのんびりする時間なんかない」とおっしゃる人もいます。であれば、リビングではなく別の場所にスペースとお金を割いたほうがよい可能性もあるのです。

また、リビングを広くする必要性は年々減ってきています。なぜなら、テレビを見る習慣のない人が増えているからです。

ひと昔前の家のリビングを思い出してみてください。テレビに対面する形で大きなソファが置かれていたのではないでしょうか？　要するに、ソファに座ってゆっくりテレビを見るためのリビングスペースだったわけです。

しかし、今やテレビよりもスマホやパソコンでＳＮＳや動画を見る時間のほうが長い

1-17｜ラグと大きめのクッションだけで十分にくつろぎの空間はつくれる。

人がどんどん増えています。家にテレビを持たない人も増えてきています。となると、ソファも必ずしも必要ではありませんし、ソファがなければそこまで広いスペースも必要にはなりません。

ソファがなくても、ラグやマット、カーペットを敷いて、プフなどの大きめのクッションをいくつか置いておけば、それで十分くつろぎのスペースはつくれます（写真1－17）。掘り込み式にしたり、逆にアップフロア（小上がり）にしたりして、特別感のある空間をつくることもできます。そこからテレビや動画を見たければプロジェクターで壁に映すような仕組みをつくれば、テレビ本体がなくても問題はありません。

どのようなリビングにするかは、「普段、何をして過ごしているのか」「どのようなくつろぎ方をしたいのか」をしっかり考えることが欠かせないのです。

おしゃれすぎるキッチンの罠

続いて、キッチンです。

ダイニングをどのような形式にするかで自然と配置やボリュームは定まってきますが、キッチンといえば、「おしゃれだし、新しい家は対面キッチンで」とリクエストされる人がほとんどです。

しかし、とにかく対面にすればいいわけでもありません。対面キッチンとひとくちにいっても、前面が少し立ち上がって手元が見えないような形式と、完全にフラットな形式があります。おしゃれなのは断然後者です。しかし、そのおしゃれキッチンを選ぶなら「本当にキッチンを常に綺麗に保てるのかどうか」をよく考える必要があります。フラットで手元が見えるということは、置いてあるスポンジや洗剤のパッケージにまでこだわらないといけないのです。生活感あふれるアイテムが置いてあると、悪目立ちして一気にダサく見えてしまいます。

また、対面式だと背面の収納も丸見えですから、黒くなったバナナや買い物してきたスーパーの荷物が買い物袋のまま置かれているといったことがあってはならないわけです。「実家から毎月お米が送られてくる」「野菜の定期便を頼んでいる」などの事情があれば、見えないところにストックをしまえるようなパントリーをつくることも検討しなくてはなりません。

おしゃれキッチンを実現するには、その家に合わせた綿密なキッチン収納計画と、日々のこまめなお手入れが欠かせないのです。

そこまで説明すると「自信がないからフラットなキッチンはやめておこう」とおっし

ゃる人もいれば、「これを機会に頑張りたい」と主張する人もいらっしゃいます。本当に人それぞれではありますが、安易にフルフラットの対面キッチンにしてしまうことが危険であることは、頭の片隅に置いておいたほうがいいかもしれません。

ちなみに、おしゃれキッチンを実現するポイントの一つに「冷蔵庫の色」があります。冷蔵庫はそもそも大きくて存在感のある家電だし、しかも使いやすい動線に置かれることから、非常に目につきやすいのです。周囲と調和する色合いを選ぶべきですが、お店にたくさん並んだ冷蔵庫の中から選ぶと、なんとなくで好みの色のものを選んでしまいがちです。

おすすめは、ダントツで「白」です。どんなキッチンでも、白なら悪目立ちせずに馴染んでくれるでしょう。

第2章

「遊ぶための家」ってどんなだろう

家づくりはもっと自由でいい

つくりたいのは心躍る家

無駄をなくして大事なところにコストをかける

せっかく面積を使うなら望むライフスタイルを叶えるスペースにしたい。意味のない、無駄な空間をつくりたくない。

これは私の設計哲学です。第1章では無駄になりやすい空間の使い方にメスを入れるようなお話をしてきましたが、万事がすべてそのような「一切の無駄が排除された」家だと、面白みがないとは思いませんか？

実は、私がつくりたいのは「心躍るような遊び心のある家」であり、実際に「遊べる家」なのです。

ここまでのお話と矛盾しているように聞こえるかもしれませんね。説明させてください。家は唯一無二の、住まう人にとって価値のある空間であるべきだと私は考えています。そのために必要なのはオリジナリティであり、遊び心です。住む人の価値観に沿った遊び心を随所に取り入れ、実際、家にいながら遊べるような空間であれば、「早く家に帰りたい」「遊ぶなら我が家が一番楽しい」と感じられる、素晴らしい家になるとは思いませんか。

そのような空間をつくるために、それ以外のスペースの無駄を極力省く必要があるわけです。というのも、一般の住宅では、すべてのスペースを広く豪華にするほど土地にもお金にも余裕はありません。そこに住む人が何を大事にしていて何に価値を感じるのか。家でどんな時間を過ごしたいと思っているのか。どんな暮らしがしたいのか。そういったことをふまえ、面積とコストを割く場所とそうでない場所とを見極める必要があるのです。

要は、メリハリをつけるのです。

家で遊んだっていいじゃない

どのような遊び心を加えるかは、家ごとに大きく異なります。建て主の趣味や嗜好はそれぞれに異なるからです。

お酒を飲むのが何より好きな人なら、ゆっくりお酒を飲みながらくつろげる掘り込みスタイルのソファダイニングをつくることもありますし、家族でバーベキューを楽しみたいご家庭なら、そのようなことが叶うテラスをつくることもあります。プールがわりのジャグジーをつけて、ホームパーティーを楽しめる仕様にすることもあります。サウナ好きの人のおうちにはサウナをつけることもありますし、ゴルフ好きのおうちにはゴルフシミュレータールームをつくることもあります。

「普通の家でそんなことができるの？　すごく高くなっちゃうんじゃないの？」と思われたかたもいらっしゃるかもしれません。そうですよね、そのようなオプションをつけると高額な家になってしまうと考える人が大半でしょう。

実は、できるのです。なぜなら、そのような「こだわりたい部分」以外のスペースは極力コストを抑えるからです。特別に思い入れもないのに安易に広くしたり、豪華にしたりすることを私は推奨しません。コンパクトにできるところはコンパクトにし、無駄なものはつくらない。徹底的に無駄を省いた家づくりをしていることは第1章でお話ししてきた通りです。

つまり、その人にとっての単なる「生活空間」は面積もコストも最小・最低限にして、「ここはこだわりたい」という部分にスペースとお金を割くわけです。このような家づくりをすれば、手の届く価格で「おしゃれ」「ラグジュアリー」と感じられるスペシャルな空間を実現することが可能です。

「家は遊ぶところじゃない」って、誰が決めたのでしょうか。

ありきたりの、誰にでも通用するような汎用性の高い家づくりしかできないなんて、誰が決めたのでしょうか。

家はその人にとって「特別」であるべきだし、遊ぶように暮らせる、心躍る家づくりをしたい。でないと、せっかくお金と時間を使って建てるのに、もったいないじゃないですか。

本章では、心躍る家づくりのエッセンスを紹介していきます。あなただけの、世界にひとつの自由な家をつくるワクワク感を味わってみてください。

お酒と食、来客の習慣から導く「くつろぎタイム」

「どのようなお酒をどのように飲むか」をヒアリング

前章の最後でLDKのお話をしました。メリハリのあるレイアウトによって「食事→くつろぐ」という動線を最適化しつつも、遊び心のある、各々にとっての理想的なくつろぎの時間を演出するには、コツがあります。

ここでも起点とするのは「ダイニング」です。そして、くつろぐ空間を考えるうえでの重要なポイントは「お酒を飲む習慣があるかどうか」です。

そのおうちの住人にお酒を飲む習慣があるかどうか、そして、どんな飲み物をどれくらいの時間をかけて飲むのかを、私は細かくヒアリングします。まったくお酒を飲まないご家庭もありますし、「お酒を飲むために生きているのだ」と言わんばかりの、大のお酒好きの人もいます。お酒を飲まない人は食事にかける時間が必然的に短くなりますし、晩酌程度の人ならもう少し長い時間がかかり、あるいはお酒好きな人なら、食事中のみならず食後もリビングに移動して何かをつまみながら寝るまでちびちび飲み続けることも想定すべきでしょう。

ダイニングとリビングを兼ねられる「ソファダイニング」

日常的にお酒を飲む習慣があり、食後ものんびりお酒を飲みたい人には、ダイニングとリビングを一体化させた「ソファダイニング」が喜ばれます。ダイニングテーブル用の椅子は2～3時間以上座っていると体が痛くなりますが、硬めのソファと低めのテーブルであればもっと長くくつろぐことができます（柔らかすぎるソファは向いていません）。そのソファダイニングで食事とお酒の両方を楽しむこともできますし、リビングの用途も兼ねることができるので、別途に広いリビングをつくらずにすむこともあります。

ただし、小さいお子さんがいらっしゃるご家庭にはきちんと座れるダイニングチェアがあったほうがよいため、その場合は食事の場所を別に考えなければなりません。ソファダイニングはお子さんが大きいご家庭や夫婦お二人の暮らしなどにおすすめの選択肢です。

ゲストを招く場面から逆算する

来客の頻度や来客人数の面から計画する方法もあります。来客が多く、食事やお酒をふるまうことが多い家であれば、大きめのダイニングテーブルを配置し、そこを中心にした間取りをつくることもあります。ただし、大きなダイニングテーブルはかなりのスペースを必要とするわりに席数は多くありませんので、大人数の来客には逆に不便なこともあります。大人数でワイワイやることが多いのなら、日常的に使うダイニングテーブルはコンパクトにし、広めにとったリビングスペースで過ごしてもらうほうがいいかもしれません。このようなとき、カウンター形式のキッチンダイニングだと、大勢の来

2-1｜3方を囲まれた、ダイニングとしてもリビングとしても使える空間。

客があった場合もスマートにもてなすことができます。というのも、ビュッフェ形式でカウンターに料理を並べることができるからです。鍋ごとボンと置いてもいいですね。いちいちリビングやダイニングテーブルのほうへ料理を運ばなくてすみますし、ゲストが各々で好きな料理を好きなだけ取れるので、非常に効率的です。パーティー感も演出しやすく、日常だけでなく非日常でも活躍してくれます。

キッチンダイニングは家事動線と効率重視の印象があり、ゲストをもてなすのには不向きと思われるかもしれませんが、実はそんなことはないのです。

外にリビングがあるおうち

くつろぎの空間としてリビングに力を入れたい人には、とっておきの方法があります。「アウトサイドリビング」という選択肢です。アウトサイドリビングとは、室内ではなく外につくられたリビングのことです。この場合、室内のリビングスペースは最小限にして、テラススペースを外のリビングとして活用します。外専用のソファセットも今は一般向けのものがありますので、それを置けば外の空気のなかで室内とのつながりを感じながらくつろぐことができます。スマホやパソコンを持って出て仕事をしたり、オンラインミーティングをしたり、家族に聞かれたくない電話をしたりすることもできます。外用のグリルセットを置いて、室内ではできない本格的なバーベキューを楽しむこともできます。最高のくつろぎスペースになることは間違いないでしょう。もちろん、ゲストをもてなす際にも大活躍します。外だと汚れても水でジャーッと洗い流せるため、お手入れも楽ちんです。

料理好きのためのこだわりキッチン

食を楽しめる家にしたいと、キッチンにこだわり尽くした家づくりをすることもあります。ワイングラスホルダーをカウンターに付けて吊り下げ収納にしたり、お気に入りの食器を並べる収納棚をキッチンの背面に設置したり。レストランやバーのようなキッチンは、食べることや料理が好きな人にとっては夢のような空間です。来客をもてなすのが楽しくなることも請け合いです。

とあるお料理好きなご夫婦は、新居を建てるにあたり、食を中心とした楽しみ方をしたいとリクエストされました。広めのキッチンカウンターをつくって調理も食事もお酒も楽

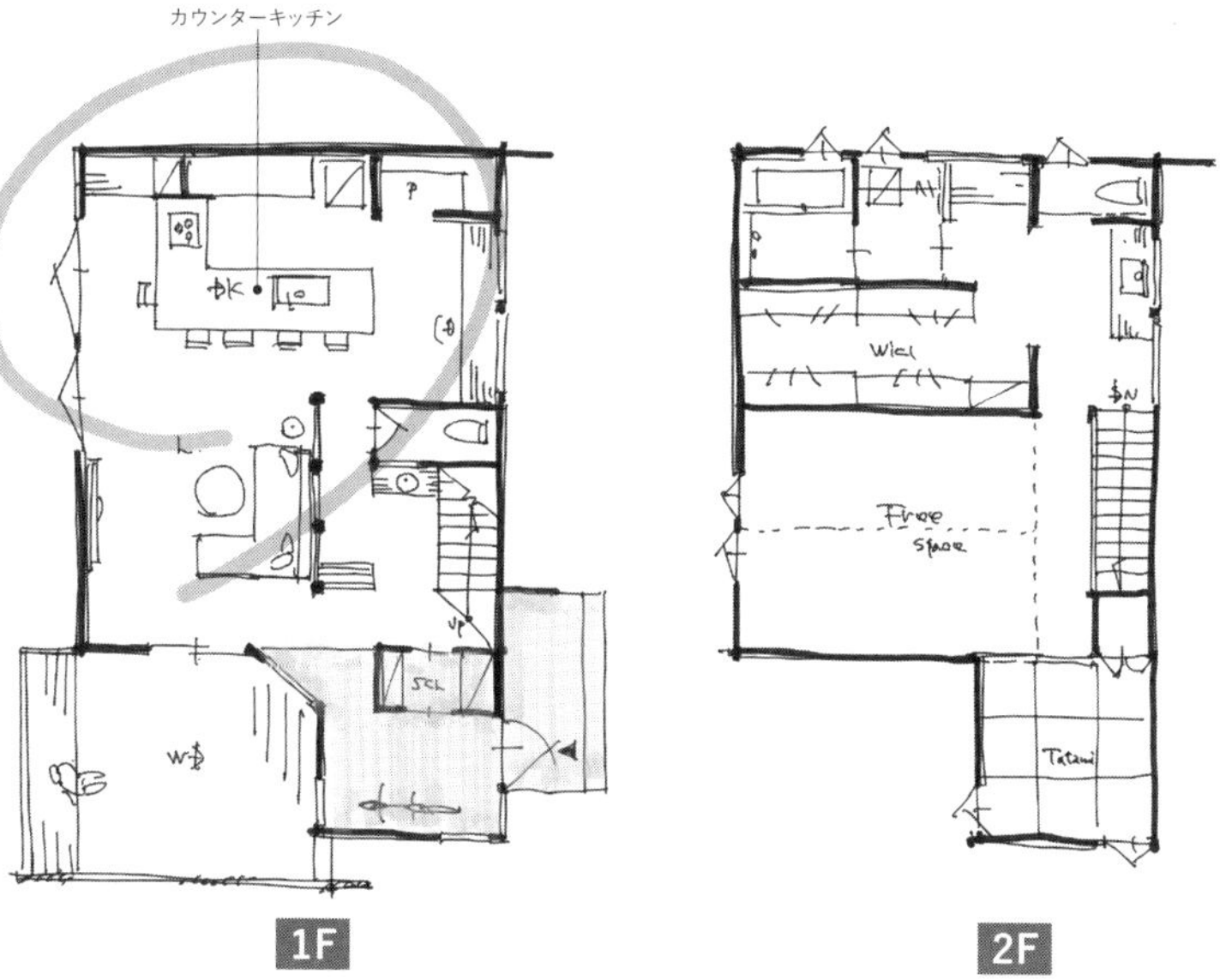

2-2｜目的と用途に応じて1階と2階を切り分けた空間レイアウト。
家のどこに重点を置くかに建て主の個性が表れる。

しめる、バルのような空間をお望みでした。

完成したのは図2－2のキッチンです。来客を料理でもてなすことを想定していたため、1階の玄関を入ってすぐの場所にリビングを設置し、そことつながる形で家の奥には広めのL字のカウンターキッチンをレイアウトしました。リビングのさらに手前側はウッドデッキになっており、外の空気を感じながらくつろぐことができます。玄関から分岐するリビングとの反対側には階段をレイアウトし、そこから上がる2階は完全なプライベートスペースです。お風呂やファミリークローゼット、寝室、畳スペースなどがあり、来客を気にすることなくスムーズに2階に上がれる仕組みです。空間全体がつながりながらもストレスがない動線になっているのです。

LDKをどう分けるか

このように、飲酒や食事、来客の習慣によってくつろぎ方の形を考えていくと、オリジナリティと遊び心のあるLDKが生まれます。「L／D／K」としてそれぞれを独立させた広いスペースとして考えるのではなく、「LD／K」あるいは「L／DK」と捉えることで、メリハリと個性が生まれるのです。

いずれにしろ、大事なのは「リビング」「ダイニング」「キッチン」がうまく連携し、それぞれが作用する空間をつくることです。凝ったリビングやダイニング、あるいはアウトサイドリビングをつくっても、キッチンとの動線が不便なためにうまく活用できなくなっては台無しです。食事をしながら家族やゲストと談笑したり、お酒やコーヒーを飲みながらのんびりしたりといったように、人が楽しんだりくつろいだりするシーンに「食」はつきものです。その支度をするキッチンと、ダイニングそしてリビングとの連携は、心躍る家の全体像に大きく影響するのです。

Terrace

テラス

人目を気にせず外遊びができる場所

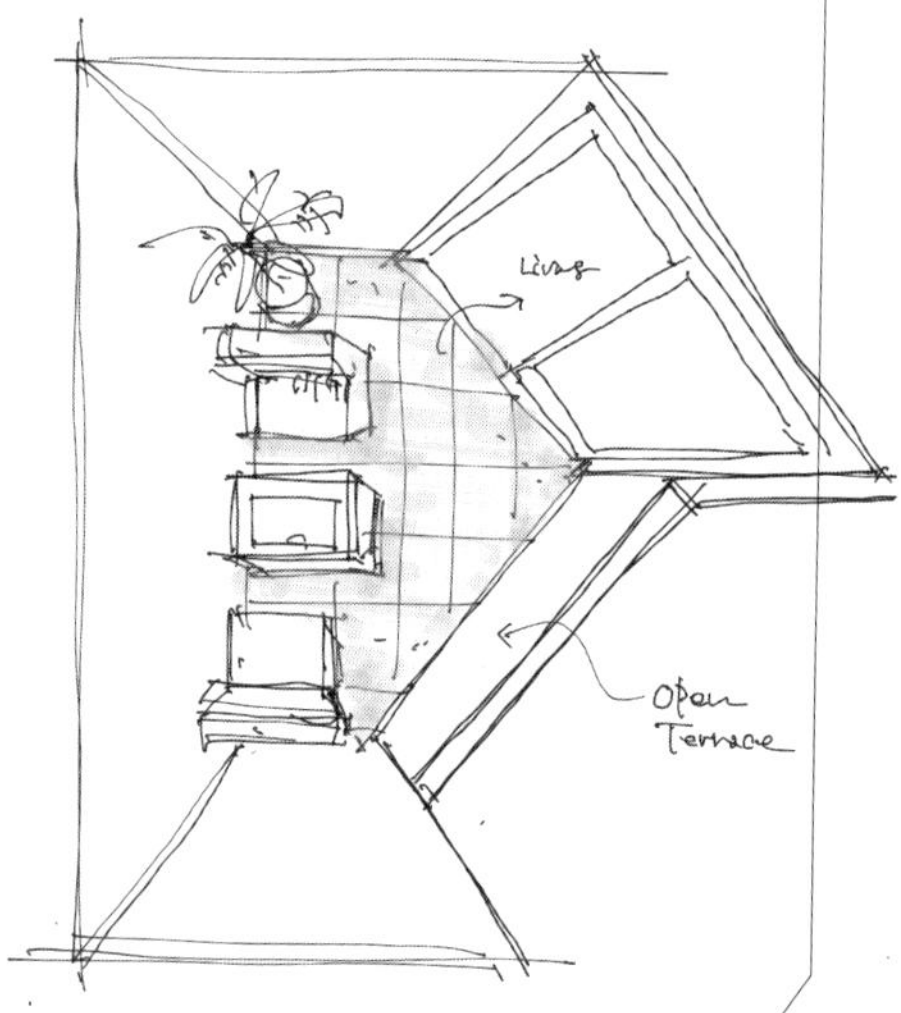

室内の延長線上にある外空間

室内からつながっており、屋根がかかっている屋外のスペースをテラスといいます。第1章で、布団や洗濯物を干すためのバルコニーやテラスはいらない、というお話をしました。しかし、あえてそのような半屋外のスペースをつくることもあります。「家にいながら外とつながった空間で楽しみたい」などのリクエストがあるときです。

半屋外でできる遊びはいろいろとあります。子どものビニールプール、バーベキュー、屋外での映画上映会、ホームパーティー。どうでしょう、ワクワクしてきませんか？

室内の延長線上にある外空間は想像以上に便利なものです。ちょっと外の空気を吸いたいけど着替えて出かけるのは面倒なとき、人目を気にせずふらっと出られるスペースがあると、生活は格段に豊かなものになります。

このときに大切なのは「周りから見えないこと」です。住宅が密集して建っていることの多い日本では、庭やテラスをつくっても周囲から丸見えで使いづらい……ということが起こりがちです。しかし、周辺環境をしっかり把握したうえで、外から見えない形でつくったテラスは、自分たちだけのスペシャルな空間になります。

たった3畳がもたらす生活の豊かさ

大阪の街中で、狭小地といってもよい土地に2階建てのおうちを建てたときの話です。

3方向を隣接する住居で囲まれた、1階と2階を合わせても延べ床面積が24・5坪

（81・16㎡）のコンパクトなおうちを建てたのは、ご主人と奥さま、お子さんひとりの3人のご家族です。

ご主人は革靴を磨くことと葉巻がお好きという洒落たご趣味をお持ちでした。靴は見えない場所にしまいたくなるものですが、磨き上げたお気に入りの革靴なら見せる収納もさまになりそうです。そこで、玄関からつながる土間部分に棚を入れて、革靴コレクションを並べられるスペースをつくる計画を立てていました。

私は「このようなご主人なら家にテラスがあれば喜ぶのではないか」と思い、テラスのある間取りを提案しました。

とはいっても、3畳程度のかなりコンパクトなものです。2人掛けのソファセットとグリルセットを置けばそれでいっぱいの空間です。しかし、「この面積でテラスがつくれるとは思わなかった」と非常に喜んでいただけました。というのも、3方向を囲まれた狭小地でありながら、テラスから眺められる南東方向は唯一視界が抜けており、テラスを通じて明るい光も室内に取り込めるのです。もちろん、ご主人がここで趣味の葉巻を存分に楽しむこともできます。

もともと本人たちから「テラスをつくってほしい」というはっきりした希望があったわけではありませんが、このご家族の丁寧な暮らしやこだわりに、テラスのある空間は

2-3｜自分たちだけの外空間。住宅密集地でも人目を気にせず外の空気を楽しめる。

見事にはまったのでした。

バーベキューだってできる

このご家庭とは対照的に、最初から「ぜひテラスを付けてほしい！」とリクエストされることもよくあります。遊ぶのが好きで、アウトドアも好きではあるもののあまり本格的なものはちょっと……という人とテラスの相性はよいです。外に行かなくても室内と地続きで快適に外遊びができるからです。

また、海外暮らしの経験が長い人や、リゾートホテルのような雰囲気の家がお好きな人も、テラスを希望することが多いです。「テラスがないなんて家じゃない」「テラスをつくれないなら家なんて建てない」くらいの熱い思いをお持ちのかたも意外と少なくありません。

ソファセットとグリルセットを置く人が多いのですが、ソファセットも2人掛けのものから6人掛け程度と、サイズには幅があります。用途と敷地面積に応じてミニマムで3畳程度からつくれますが、大人4〜6人がゆったりできるだけのスペースを考えると8畳くらいが理想です。ときには20畳程度のラグジュアリーな空間をつくることもあります。

下に敷くラグも含め、ソファは6人掛けのサイズで50万円程度です。このような屋外用のソファなどは耐水性、耐光性に優れており、最低でも10年程度は問題ない耐久性があります。毎日使っていれば汚れはあまり気になりません。使用間隔があいた場合は使う際にホースで水をジャーッとかけるだけで綺麗になります（ただし、乾くのに少し時間がかかりますので、来客がある際は前日のうちにすませておくことをおすすめします）。

ちなみに、屋外用のファニチャーで有名なブランドによるものは6人掛けソファセットで数百万円かかるため、一般の人の手には届きにくいものでした。現在は別メーカーから一般向けのものがリーズナブルな価格で登場しており、テラス生活が現実的になっています。

「夏しか使えないのでは？」と思うかもしれませんが、可動式パーテーションを付けたり屋外用のヒーターを取り付けたりすれば冬でも問題なく楽しめます。また、グリルセットはバーベキューだけでなく鍋ものやすき焼きにも使え、室内では躊躇しそうな汚れやにおいが気になる料理も一年中気軽に楽しめます。

車に数百万円をかけるのに、家にはかけない不思議

実は、テラスをつくること自体にはそんなにお金はかかりません。

なぜなら、テラス部分は室内からの地続きですので、室内にするはずだった部分をテラスにしているという意味で建築費が相殺されるからです。

もちろんソファセットなどの備品代は必要になりますが、10年乗り続けることも少ない車に300万円、あるいは500万円くらいかける人はざらにいることを考えると、そんなに不自然なことではないのではないでしょうか。

長きにわたっての居場所となる「家」を、より価値のある場所とするためのお金は決して無駄にはならないからです。

Jacuzzi

ジャグジー

大人も子どもも一年中楽しめる

「夢のまた夢」は本当か

テラスに14畳以上のスペースを割く余裕があれば、ぜひおすすめしたいのが「ジャグジー（ジェットバス）」です。

「ジャグジー!?　何を言っているの!?　そんな贅沢なこと、できるわけないでしょ」という声が聞こえてきそうです。いえいえ、セレブのおうちの話をしているわけではありません。

実は、一般の住宅のテラスにジャグジーを付けることは決して夢ではありません。コスト面も、決して目玉が飛び出るような額ではありません。ジャグジーの浴槽そのものと、周囲の囲み、そして浴槽に上がっていくステップなどを含めてだいたい100万円くらいです。どうでしょう、意外と現実的ではないでしょうか？

家族で温泉施設に行ったら……

「でも、お湯代とかがかかるでしょ」と思う人もいらっしゃるでしょう。たしかに、水道代とお湯をわかすガス代や電気代とで、通常のお風呂の2回分くらいはかかります。でも、毎日のことではありません。稀に「毎日使っている」とおっしゃるほどジャグジーを愛用される人もいらっしゃいますが、たいていは週末に使うことが多いそうです。

また、半屋外で広いお風呂、しかもジャグジーに入るなんて、外で体験するとしたらいったいいくらかかるでしょうか？　家族みんなでスパや温泉施設に行くと、けっこうなお金がかかります。車に乗って行けばガソリン代や高速代だってかかります。それに比べれば、自宅ジャグジーはかなりリーズナブルです。

夏はプールがわりに使い、冬は露天風呂のように使えるため、一年中楽しめるのもジャグジーのよいところです。ごく稀に自宅にプールをつくる人もいますが、夏場しか使えないうえ、建築費やランニングコストがかなりかさむため、かなり余裕のある豪邸や別荘のようなおうちでない限り現実的ではありません。ジャグジーなら大人も子どもも一年中活用でき、来客にも楽しんでもらえます。特に子どもは水遊びが大好きですから、ジャグジーのあるおうちに子どもがやって来ると、一日中

2-4｜「おうちジャグジー」という発想自体がない人は多い。

そこで遊んでいます。

「ジャグジーのあるおうち」というと非常に贅沢感と憧れ感がありますが、実現はそんなに難しい話ではないのです。

戸建てならではのカスタマイズ性

また、敷地面積にそこまで余裕がなくてもテラス&ジャグジーを叶えることは可能です。

京都で、ご夫婦とお子さんひとりの2階建てのおうちを建てたことがありました。テラス部分も含め、1階と2階を合わせて24・2坪（79・91㎡）でしたが、リビングを19畳とったうえでテラスとジャグジーも実現しました。正直、敷地に余裕はありませんでしたが、建て主の強い希望があれば、なんとか実現する方法を見つけるのが私たちプロです。

100㎡前後の面積でジャグジー付きのテラスがあるマンションなどまずあり得ませんので、このようなカスタマイズ性の高さは戸建て住宅の魅力の一つでもあります。

Sauna

サウナ

自宅でととのい会話も増えていいこと尽くし

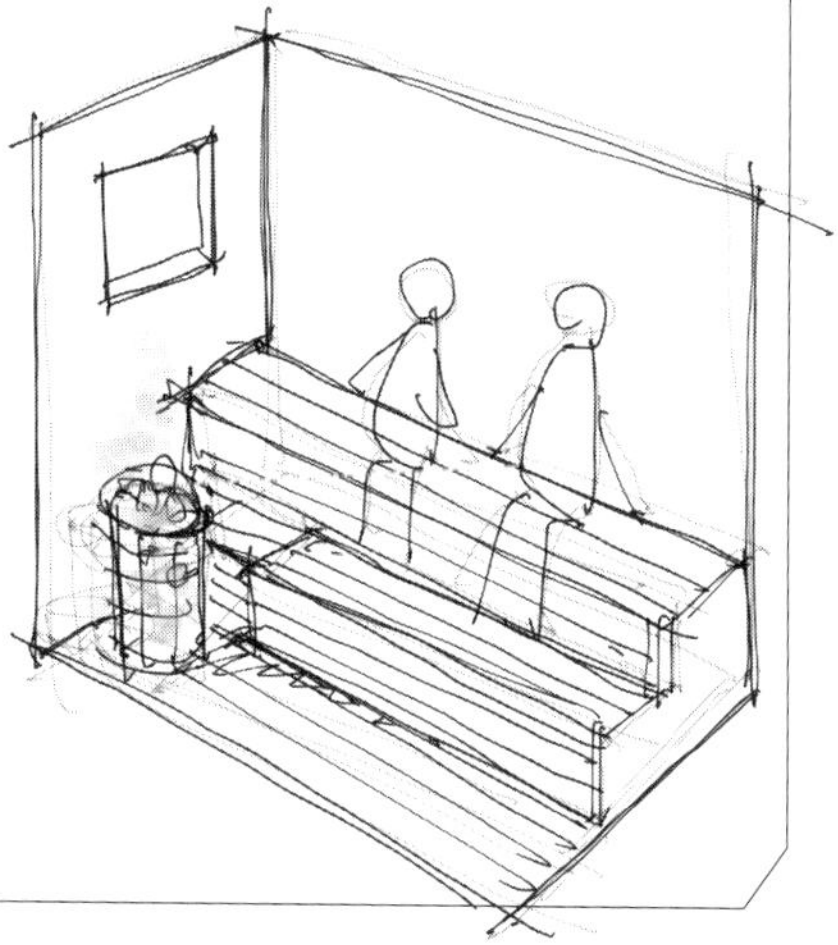

120万円あればつくれる

近年流行している「ととのう」という言葉。サウナで「熱」と「冷」を交互に繰り返すことで心身ともに深くリフレッシュした状態をいいます。サウナブームの到来にともない、「自宅にサウナを入れたい」との要望が非常に増えています。自宅であれば性別関係なく一緒に入れますし、気兼ねなくおしゃべりしたりくつろいだりできます。何より、サウナのある施設にわざわざ出向く必要がなくなるのは、サウナ愛好家には非常に大きなメリットです。

自宅につくる発想自体がない人も多いと思いますが、自宅サウナはけっこう簡単につくれます。サイズにもよりますが、2〜3人が同時に入れるようなコンパクトなものなら120万円くらいでつくれます。4〜6人が同時に入れるような大きなサイズのものでも200万円くらいです。個人宅であれば使う回数は少ないので熱を発する機械が長持ちするうえ、機械自体はそんなに高価なものではありません。家を建てるときに導入しさえすれば、ずっとサウナを楽しむことができるのです。

トータルで見るとコスパがよい

強い熱を発するものなので、さぞや電気代がかかるだろうとご心配になるかもしれません。サイズにもよりますが、1回あたり1000〜2000円くらいです（電気代が高騰するともう少しかかるようになるかもしれません）。これを高いと見るかおトクと見るかは人によって違うでしょう。一度サウナ室内をあたためてしまえば複数人が入れますので、「ひとりあたり○○円」という、外の温浴施設の入場料や入湯料に比べるとかなりリーズナブルであることは間違いありません。施設まで出かける交通費や時間もいらなくなります。家族と一緒に時間を合わせてサウナに入ることで、ちょっとしたコミュニケーションの時間もつくることができます。「夫婦のコミュニケーションが増えました」と報告してくれる建て主も多いです。

また、個人的には、サウナがもたらす美容効果の素晴らしさを多くの人に知ってもらいたいです。モデルハウス的に使っている私の自宅にはサウナがあり、そこに滞在している間は毎日のように利用しています。私ごとで恐縮ではありますが、サウナに入るようになり、肌が綺麗になったと言われるようになりました。自分でも小鼻の毛穴の汚れが目立たなくなったように思います。夜もぐっすり眠れて疲れがとれるようになり、風邪もほとんどひかなくなりました。サウナの健康効果と美容効果は、私が自信を持っておすすめします。

ととのうための動線が重要

なお、サウナのあるおうちを設計するにあたって大事なのは「ととのうための環境をつくること」です。サウナに入った後は水風呂に入ったり、体を休ませたりする必要が

2-5|好きなタイミングで自由に利用できる自宅サウナのメリットは多い。

あります。このサイクルがあるからこそ「ととのう」のです。

そのためにはサウナそのものをドンとつくればいいわけではなく、水風呂に入るための動線や、その後に体を休ませるスペースとそこへの動線をつくり込むことが重要です。このようなサイクル環境は室内あるいは室外（テラス）のみで完結させることもあれば、室内とテラスとのつながりのなかでつくることもあります。

いずれにしろ、うまく動線をつなげ、空間がそれぞれ作用し合うような環境をつくらなければ、せっかくサウナがあってもあまり利用しないことになりかねません。また、サウナに入るには裸でウロウロせざるをえませんから、周囲からの視線や家族への配慮といったことも動線を考えるうえで重要です。

サウナを軸に家づくりをすることも

サウナが大好きな建て主のために、サウナを楽しむ生活を軸にした家づくりをしたこともあります。図2－6がそれで、西日本の県で造成団地の一画に建てたおうちです。

玄関から地続きの長い土間とつながった階段で2階へ上がれるようになっており、2階にはご主人の書斎（ワークスペース）の1部屋のみ。あとはすべてテラスに面積を割いており、一角にはサウナとジャグジーもあります。サウナ室内でのショートタイムのコミュニケーションは、仕事のよいアイデアが生まれやすいといいます。ご主人は仕事仲間を2階に招き、サウナやジャグジーを楽しむ計画を立てたのです。

1階はリビングや、寝室、子ども部屋、キッチン、ファミリークローゼット、浴室、洗面所、トイレなどの水まわりがまとまった、家族のスペースになっています。来客はファミリースペースを通ることなく、玄関と土間続きの階段から2階へ行くことができます。トイレは1階にありますが、ファミリースペースと仕切られているため、来客中も家族が煩わされることはありません。

2階をフルに使った、ご主人が仲間とともにととのうための空間でさまざまな発見とクリエイティブなアイデアが生まれることを願い、このおうちのコンセプトを「Discovery」としたことも付け加えておきます。

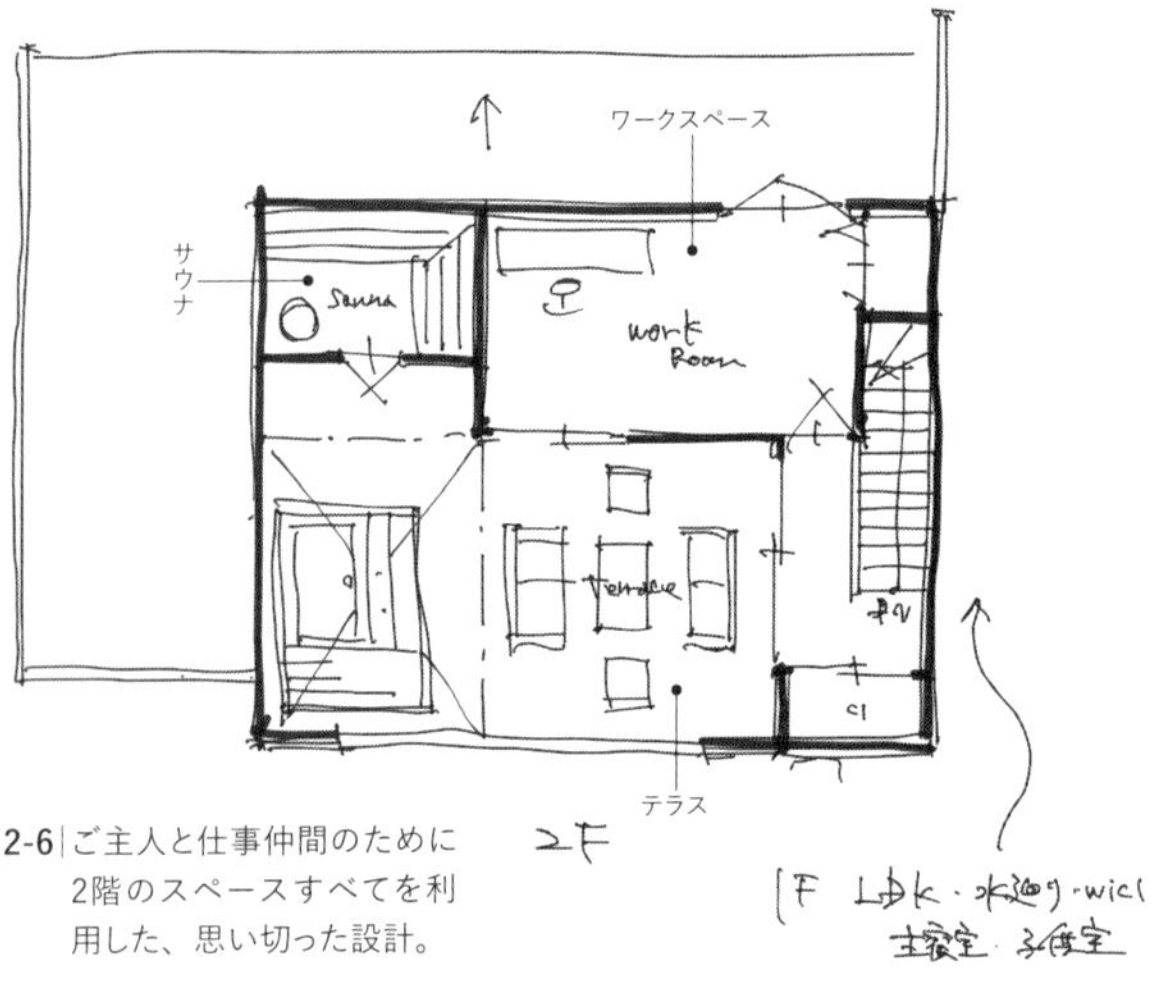

2-6 ご主人と仕事仲間のために2階のスペースすべてを利用した、思い切った設計。

Garage

ガレージ

車を大事にしたいなら一考の価値あり

意外と知られていないガレージの魅力

戸建てのおうちを建てられるかたは車をお持ちのケースがほとんどです。そこで、敷地面積に余裕があればぜひともおすすめしたいのが「ガレージ」です。

一般的に、家の一角に設ける形で3方向が壁に囲まれており、屋根があるスペースのことをガレージといいます。車庫として、あるいはちょっとした趣味のスペースとして使うかたもいらっしゃいますが、実はこのスペースがもたらす価値は非常に大きなものがあります。

まず一つは、車が傷みにくく、長持ちすることです。前述した我が家にもガレージがあります。私はけっこうな距離を車で移動しますが、車検の際、傷んでいる箇所がほとんど見つかりませんでした。洗車の頻度も手間も減って助かっています。

もう一つのメリットは、天気のよくない日も雨に濡れずに車から家の中へ移動できることです。荷物をたくさん抱えて車から降り、傘をさして家の中に入る大変さは車をお持ちのかたはご存知だと思いますが、あのストレスから解放されるのは大変大きな利点です。

また、出入りのタイミング以外は常にガレージのシャッターを下ろしておけば、在宅か不在かを周りに知られずにすむので防犯の面でも安心です。

人生全体でのメリットが大きい

ガレージをつくるには、車1台あたり6坪（19・8㎡）程度の面積が必要です。建築費は200万円程度が目安です。車2台なら12坪（39・6㎡）、400万円程度ですね。

プラス、シャッター代がかかります。手動か電動かなどの性能でシャッターの金額には差がありますが、電動のほうが圧倒的に便利です。

これだけの面積・金額面でのコストをかけてまでガレージをつくる価値があるのか、と思う人もいらっしゃるでしょう。個人的には「ある」と断言します。前述したようなメリットを私自身が体感していることもありますが、コスト面でも絶対に損はしないと確信しているからです。

車は数年ごとに買い替えるものであり、10年以上乗り続けることはそんなに多くはありませんよね。仮に20歳から80歳までの60年間、車に乗るとしましょ

2-7｜車好きな人が「つくってよかった」と声を揃える、間違いのない選択肢。

う。一生でだいたい6台くらいの車に乗ることになるはずですが、ガレージのおかげで車がそれぞれ数年分ずつ長持ちするようになれば、6台のところを5台にできます。その浮いた1台分のお金をガレージの建築費にまわすと考えればいいのです。

そう考えると、短期的にはプラスの出費かもしれませんが、人生全体のスパンで見るとそんなに大きなコストではありません。車を頻繁に買い替えたい人には関係ない話かもしれませんが、多くの人は愛車を大切に長く乗り続けたいはずです。ガレージは車好きのかたにには心底喜ばれる選択肢なのです。

ビルトインの汎用性の高さ

ちなみに、後付けのカーポートではなく家と一体化しているガレージをおすすめする理由は、ビルトインのほうが後々の汎用性が高いからです。もし車に乗らなくなっても、家と一体化している場所なので改築してプレイルームにしたり、サウナにしたりと好きなスペースに作り替えることが簡単にできます。反面、カーポートを外して何もないスペースに一から建物をつくるのは非常にコストがかかります。

ガレージを遊ぶ場所にしている人も

車庫としての実用性だけではなく、楽しむためのスペースとしてガレージを活用している例が、口絵でご紹介した「趣味のガレージ」です。

このおうちはご主人、奥さま、お子さんひとりの3人家族で、ご主人はバイクとDIYが趣味。ご友人を自宅に招くことも多く、バイクガレージやウッドデッキ、さらには室内とは別でご主人専用の「俺のキッチン」をリクエストするなど、まさに「遊ぶための家」を希望されていました。

玄関とガレージへ分岐するエントランスにはバイクを置くことができ、ソファや棚、バイクのお手入れグッズなどが置かれたガレージはご主人の趣味の空間となっています。その先はウッドデッキへとつながっており、室内とは別のキッチン設備もあります。ご主人は友人を招き、エントランスからの一連のスペースで趣味を共有しながら楽しめるというわけです。

趣味やライフスタイルに応じて自由自在

たった1畳のスペースでも価値が生まれる

ここまで紹介したような「遊ぶための家」の要素のほかにも、個人の趣味やライフスタイルに合わせてつくるスペースのパターンはいろいろとあります。ワークルームやトレーニングルーム、お子さんのプレイルーム、茶室、ライブラリ、暖炉、ゴルフシミュレーター、音楽室などです。

ゴルフシミュレーターは250万円くらい、暖炉は250万〜350万円くらい、防音工事は100万〜200万円くらいかかりますが、ワークルームやトレーニングルームなどのように大きな設備や工事が必要ないものであれば、面積をそのために割くコストだけで実現できます。

ネイルがご趣味の奥さまのために、洗面所の一角にネイル用品を並べる専用のラックを設けたこともあります。ほんのわずかなスペースですが、本人にとっては大きな意味のある空間であり、スペシャルなおうちになります。手芸スペース、ヨガスペースなど、自分の好きなことを楽しんだりアイテムを飾ったりする場所があれば、生活はどんなにか彩られることでしょう。

最近人気の「ゲームを楽しめる家」

近頃増えている要望は「ゲームをするための場所」です。ご家族みんなで楽しむのか、あるいは家族のひとりだけが楽しむのか、それとも友人を招いて一緒に楽しむのかによって面積の割き方や間取りは変わってきます。

ひとり暮らしの男性だと、本格的な「ゲーム部屋」をつくることもあります。防音構造にし、モニターを2台置けるデスクを設置し、さらにはゲーム部屋のすぐそばにトイレをつくるほどの気合を入れたおうちを設計したこともあります。大好きなゲームを思う存分楽しめる我が家は、きっと愛着の持てるものになるはずです。

ゲームがご趣味のご主人のいらっしゃるファミリーのおうちを設計したこともあります。ご夫婦ともうすぐ生まれる赤ちゃん（おうちが完成後、ご誕生になりました）のお住まいで、家族それぞれが自由に過ごしていてもストレスなく、ずっといたくなるようなリビングをつくりたいとのことでした。ご主人の趣味のゲームも、個室にこもるのではなくリビングで過ごしながら楽しみたいというのが一番の希望でした。

ゲームを楽しめる空間をリビングの一角に配置してつくったのが、図2－8、2－9で紹介するゲームスペースです。

玄関とリビングに挟まれたような形でつくられたこの一角は、短い梯子をのぼって上がるロフトのような空間になっており、ご主人はそこでおこもり感を味わいながらゲームを楽しめます。とはいえ、上部は完全にオープンなので、リビングとつながっている感もあります。

空間の下半分の梯子部分は収納スペースになっており、一部は玄関からアクセスできるクツ箱、一部はキッチンからアクセスできるパントリーになっています。その上のロ

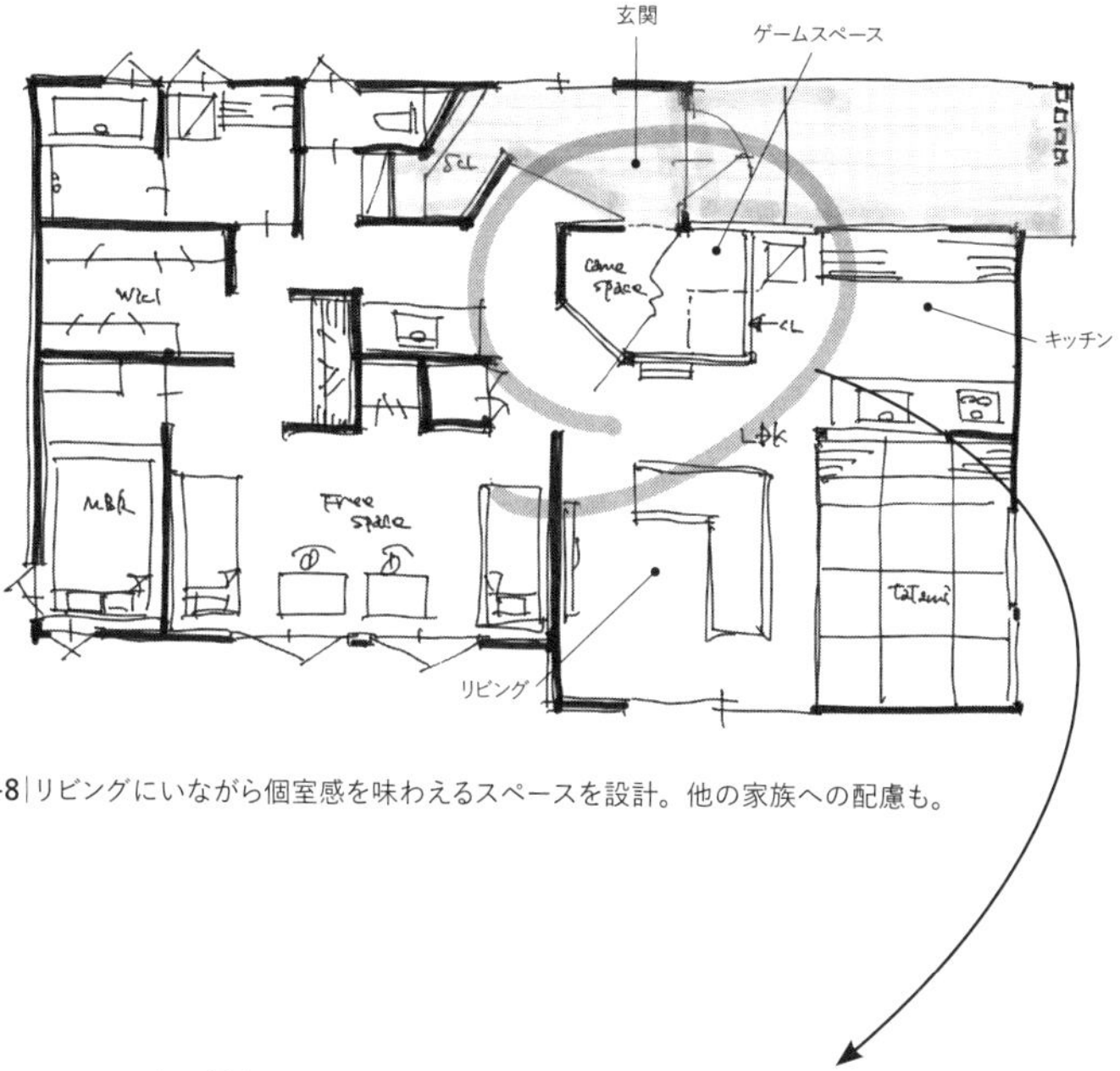

2-8｜リビングにいながら個室感を味わえるスペースを設計。他の家族への配慮も。

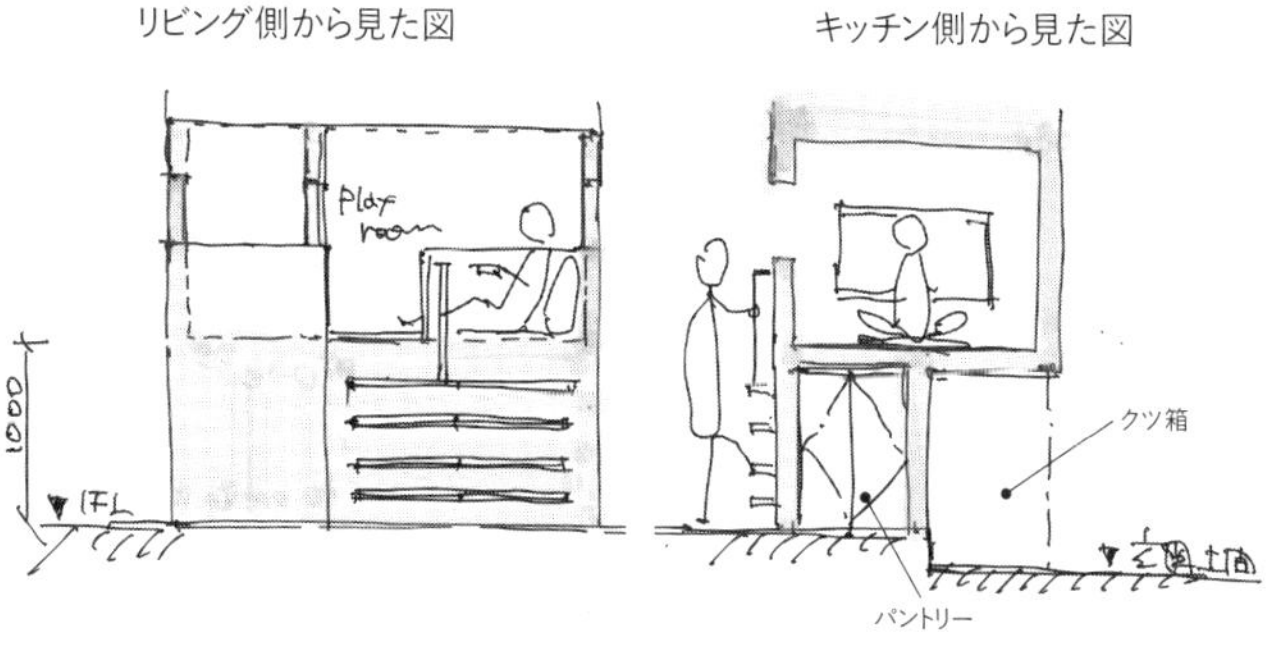

2-9｜オープンだけど秘密基地のようなスペース。床下は収納になっていて一石二鳥。

フト部分がゲーム専用スペースというわけです。

ゲームは座って行うため上部の空間はさほど必要ないとの判断で、このレイアウトを考えました。また、梯子部分が悪目立ちしないよう、家全体の空間のデザインの一つとして機能するような素材や色を厳選しています。上り下りの用途だけでなく、フックを付けて帽子や袋をひっかけたりする収納としての用途も兼ねられるようにデザインしています。このような配慮がされていれば、ゲームにそこまで興味のないほかの家族の理解も得られやすいでしょう。

ゲームスペース自体はわずかな面積ですが、秘密基地のような雰囲気を醸し出した特別な空間になりました。その家に住む人の趣味とライフスタイルをふまえた、オリジナリティあふれるプレイルームのわかりやすい事例です。

ちなみに、最近では成長したお子さんが一時的にこのスペースを遊び場として使っているそう。ライフスタイルに応じた可変性のあるスペースとして活躍しています。ちょっとした場所にオリジナルの空間を設けられるのも、注文住宅の大きな魅力のひとつです。

自宅で働ける「店舗兼住宅」

そのほか、プレイルームとは異なりますが、おうちで事業を営む人のために「店舗兼住宅」を建てることもあります。ネイルサロン、美容室、自宅教室などさまざまなケースがあります。完全な「店舗」ではなく兼用の住宅ですので、生活のつながりのなかに店舗のコーナーが設けられている形で（住宅面積の2分の1以下かつ店舗面積が50㎡以下と決められています）、個性のあるおうちが生まれやすいです。第3章の実例4で、私がつくった面白い店舗兼住宅をご紹介しています。

豪華とスペシャルは違う

「遊ぶための家」の要素や間取りについてお話ししてきましたが、「スペシャル」とはいっても決して豪華すぎるものではないことがおわかりいただけたでしょうか？

誰にでも通用するようなありきたりの間取りや設備ではなく、住まう人の趣味や嗜好、ライフスタイルを加味した遊び心というスパイスを入れるだけで、家は特別なものになるのです。

ある意味、「予算」も一つの個性です。プロの建築士はその予算内で建て主の希望を叶えるアイデアを持っています。あれもこれもと贅沢なオプションを詰め込む必要はありません。予算に応じて、切り詰めるところは切り詰め、空間の使い方や内装の工夫などで遊び心やリゾート感を演出する技はいろいろとあるのです。

一戸建ての注文住宅は「贅沢」「高い」と思われがちですが、「リクエストをそのまま入れられる」という面のみならず、その土地の環境を活かすアイデアと住む人の個性が掛け合わせられるからこそ、世界に唯一の「一点もの」ができあがるのです。

大人はもちろん、このような遊びのある空間で育つ子どもたちの未来はどのようなものになるか、考えるだけでワクワクしてきませんか？

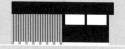

第3章

世界にひとつの家をつくる

私が建てた「理想の家」紹介

実例1

「あそびなる家」あらゆる遊びを詰め込んだ家

大人のための家

心躍るような遊び心のある家、しかも実際に遊ぶことのできる家をつくりたいというお話をしてきました。まさにそれを体現しているおうちの実例を紹介しましょう。

家でできる遊びをこれでもかというほど詰め込んだという意味で「あそびなる家」というコンセプトのこのおうちは、実は私の自宅です。同時に、モデルルームでもあります。「こんな設計ができますよ」と伝わるよう、遊びの要素を多めに盛り込んで設計しています。

夫婦で暮らす「大人のための家」であり、そして、家族連れのゲストが来た際も大人から子どもまでが思い切り楽しめるような「遊べる家」をイメージしています。私は出張が多いため留守にすることが多いですが、在宅の際はゲストを招くことが多く、この家ではにぎやかな時間を過ごしています。

3-1-1｜来客を前提としているので駐車スペースが多い。ふだんはシャッターが閉じている

3-1-2｜段差をなくしたフラットな玄関は、空間を広く見せる視覚効果がある。

［**建築情報**］
敷地面積　278.1㎡
延床面積　212.9㎡
所在地　千葉県

来客を徹底的に意識した設計

このおうちのポイントは、とにかく「ゲストを招く」ところに重点が置かれていることです。車2台がとめられるガレージの前にはさらに2台ほどとめられるスペースがあり、来客に備えたつくりになっています。

玄関またはガレージから家の中に入ると、タイル張りのフラットなフロアが広がります。靴を脱ぐスペースに段差や仕切りを設けていないため、大勢の来客があっても混雑しにくいのが特徴です。1階には大勢で入れるサウナ室、浴室、中庭とつながった「クールダウンデッキ」、さらにはゴルフシミュレータールーム、トレーニングルームがあります。ゴルフシミュレーターやトレーニングを楽しんだり、サウナに入った後は水風呂へ入ってデッキで涼んだり。快適にととのうためのサイクルが叶う動線がつくられています。

カーペットを敷くだけで1階と2階の雰囲気が変わる

中庭に面した大きな窓のそばには階段があります。階段下はフリースペースになって

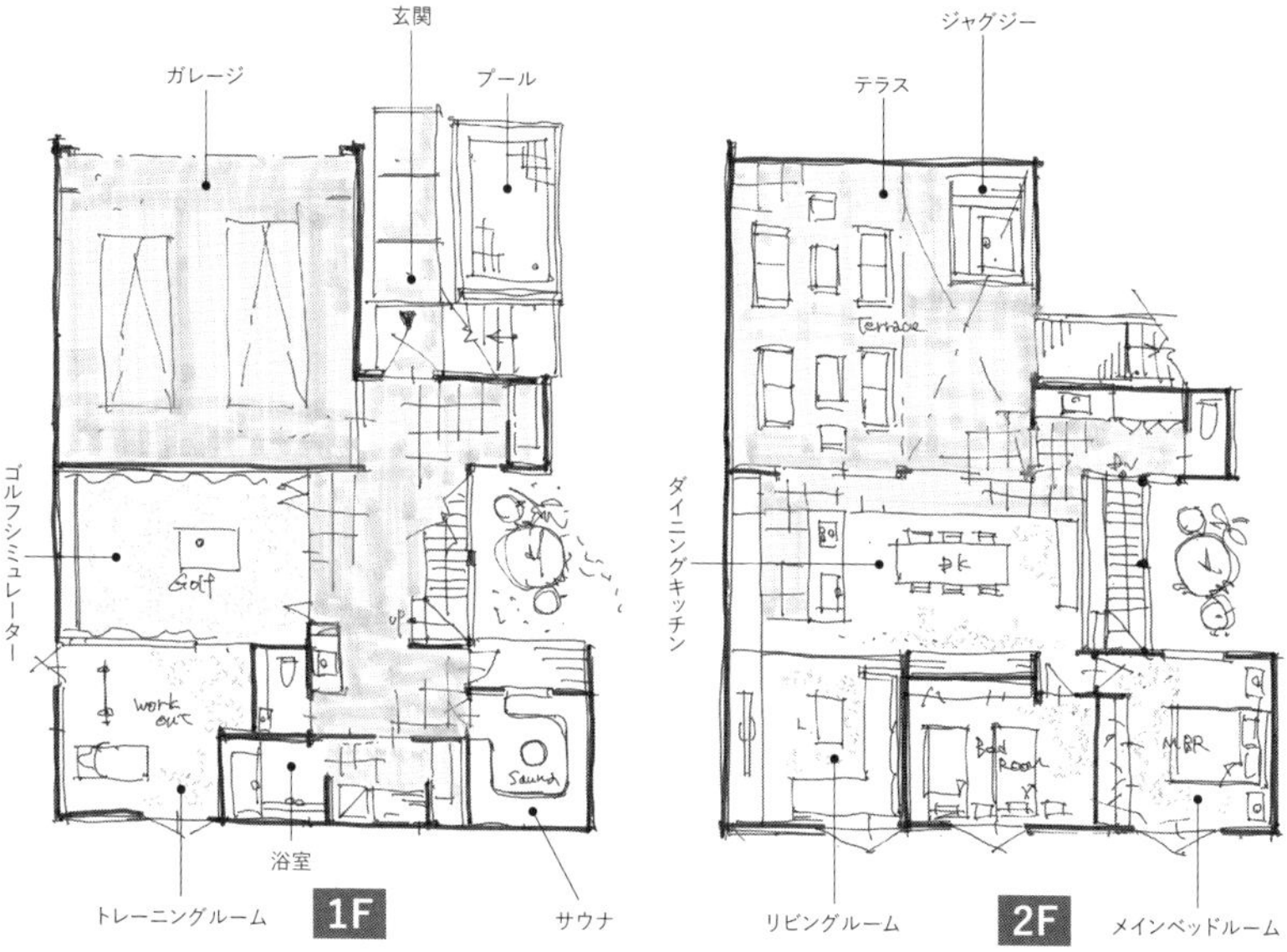

3-1-3｜著者が自ら設計した自宅は「住みながら遊ぶ」がテーマ。
モデルルームも兼ねているため、
あらゆる遊びの要素を詰め込んでいる

おり（写真3－1－2）、サウナ室や水風呂を出た後はここでも休憩することができます。窓の向こうの植栽を眺めながら階段を上がると、6人掛け（最大8人）の大きなテーブルの置かれたダイニングがあり、カーペットを敷いてリラックス感を演出しています。

ダイニングに面したキッチンはフルフラット。私は料理好きなうえ、ケータリングをお願いすることもあるため、見栄えよく、かつ動線のよい機能的なキッチン空間になっています。この「ダイニングキッチン（写真3－1－4）」を中心に、ゲストとのコミュニケーションが弾みます。

キッチンの横にはほどよい広さのリビングがあります。あえて段差を設けて小上がりにし、L字型のソファを置くことでおこもり感のある落ち着いた雰囲気になっています。サラウンド型のスピーカーと大型の液晶テレビを設置しており、画面とソファの距離感がちょうどよいため、このリビングにこもって見る映画は最高です。ちなみに、人数の多いときにはダイニングテーブルからもプロジェクターで映像が見られるようにしてあります。

大人も子どもも大喜びのスカイテラス

3-1-4｜一枚板のどっしりした質感のダイニングテーブルでゲストとともに食事を楽しむ。

特筆すべきは、キッチンとダイニングに面したアウトサイドのスカイテラスです（写真3-1-5）。6人が座っても余裕のあるソファセットとジャグジー、グリルセット、プロジェクター、可動式のパーテーション、壁付けのヒーターなどが揃っており、季節を問わずゲストがここで食事やおしゃべり、映画、音楽、ジャグジーを楽しめます。

さらに、ここまで揃えたおうちはなかなかありませんが、テラスとつながった先には深さ1・4mのプールまでありま す。夏しか使わないものの、プールがあるおうちはめったにないため、ゲストには大好評。2つ用意された寝室や、トイレのすぐ近くにオープンな形でレイアウ

3-1-5｜大人数でも窮屈な思いをすることなく思い切り楽しめる24畳のスカイテラス。

トされた洗面台も、ゲストの利用や宿泊を想定しています。

予算とライフスタイルに合わせてチョイス

いかがでしょう、少し圧倒されてしまったでしょうか？

「ゴルフシミュレーター」「サウナ」「ジャグジー」「スカイテラス」といった各種の遊びの要素が詰め込まれた「遊ぶための家」。「いい家に住んでいるなあ」なんて呆れないでくださいね。モデルルーム兼用ですから、ある程度はつくりこまないと参考になりません。

とはいえ、実はこのおうち、豪邸というほどの広さではありません。ガレージやバルコニーも含めて66・4坪（219・54㎡）ですから、ここまで列挙した要素をふまえると「え、その広さでそこまで詰め込めるの？」との印象を持たれるリイズ感です。

多くの人は、ここまですべての要素を詰め込まなくても、ライフスタイルやご希望、さらにはご予算に応じて、手の届く範囲でスペシャルな家づくりをしています。

次からは、私の自宅ではなく、実際に設計を担当した事例を紹介します。

実例 2

「未来を創る家」

住宅密集地でもリゾート感を満喫

予算の制限であきらめてほしくない

何の制限もなく思い通りに家をつくることができれば理想的ですが、現実にそんなことはなかなかありません。土地、面積、予算、周辺環境など、何かしらの制約は必ずあります。

それでも理想の家づくりを妥協したくない人を私は喜んで応援します。今からご紹介するおうちも周辺環境がかなり厳しい状況でしたが、「どうしてもアウトサイドリビングをつくりたい」との建て主の強いリクエストを受け、実現できた事例です。

住宅密集地でもできる工夫

ご主人、奥さま、お子さんひとりの3人家族で、ご夫婦は仕事と子育てに忙しい日々

3-2-1｜一見、壁に覆われた家の中にリゾート空間が広がる。

を送っており、そのストレスから解放されるような空間をお望みでした。友人をたくさん招いてバーベキューなどを楽しみたいということで、アウトサイドのリビングを構想したわけです。

おそらく、ハウスメーカーに設計を任せたら図3-2-2のような間取りをつくったのではないかと思います。北道路で南の庭に面したリビングは、ある種の教科書通りというか、セオリーではあります。

しかし、このおうちは周辺環境に大きな課題がありました。土地自体は綺麗な真四角の整形地なのですが、北に面した前面道路が狭く、三方の隣家との距離もゆとりのない、密集感のある敷地だったのでした。周囲は家ばかりで綺麗な景色なども見当たりません。そ

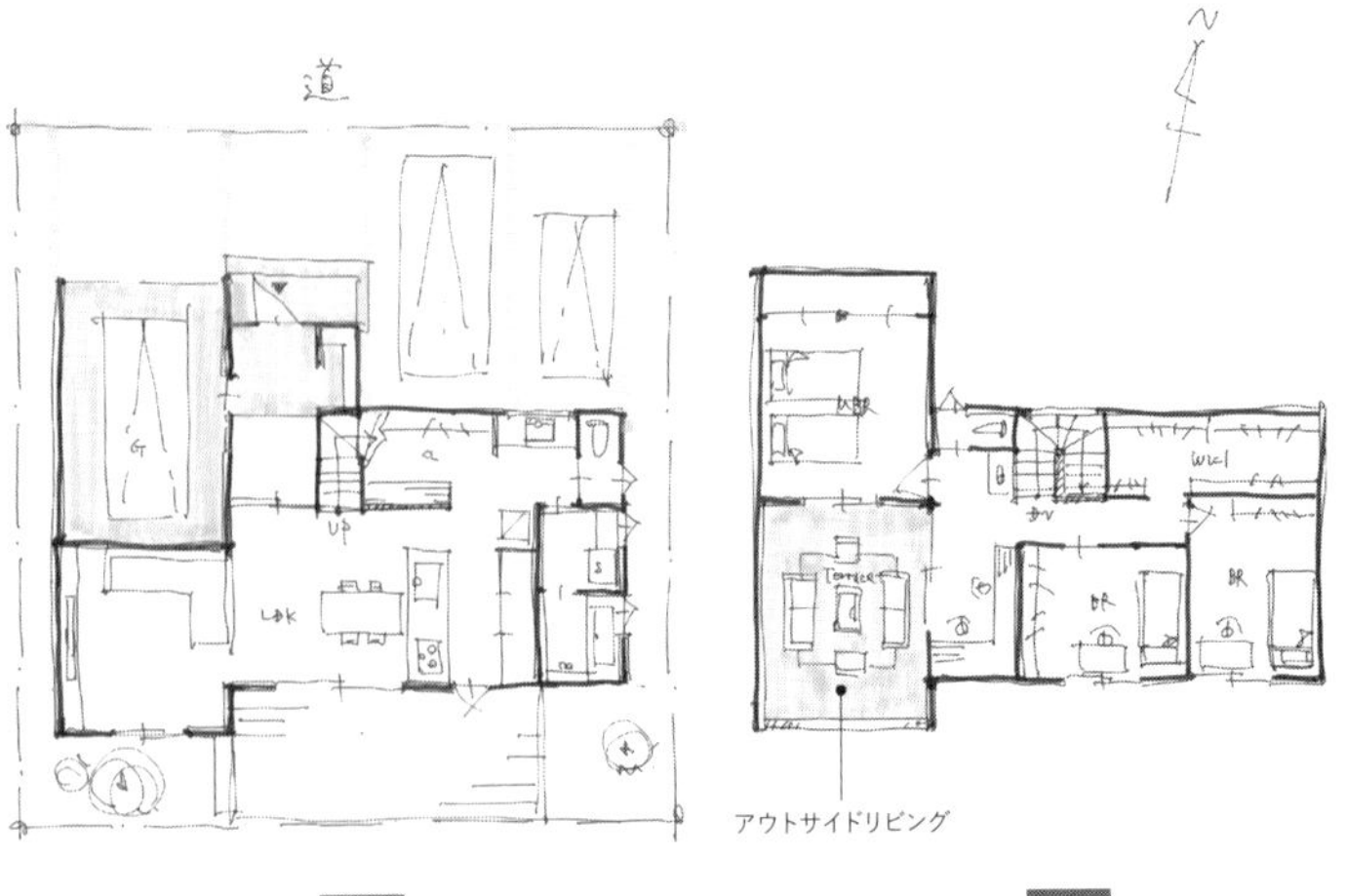

3-2-2｜土地だけを見て設計するなら最適解だが、実は周辺環境と折り合わない。

んな状態で南に庭やアウトサイドリビングをつくったらどうなるでしょうか。隣家から丸見えで、のんびりバーベキューやジャグジーなんて楽しめるわけがないのです。

安易に南に庭や窓をつくってはいけない

そこで、今回私が設計したのは図3－2－3です。前面道路が狭く駐車計画が難しい土地でしたが、敷地に対して西側を広くとって建物を東側に寄せ、駐車スペースを確保しました。ガレージからそのまま南面まで回り込めるようにはなっていますが、ここでのんびり過ごす想定はありません。隣家から丸見えだからです。

1階はファミリークローゼット、主寝室、将来の子ども部屋としても使えるフリースペース、浴室、脱衣所、洗面スペース、トイレなどのファミリースペースになっています。南に面した部屋の窓は最小限にしているため、隣家からの視線は気になりません。

来客は玄関からの土間続きの階段で2階へ上がれます。2階には大きなキッチンとリビングが広がります。日常的な食事はキッチンカウンターですませます。西側の一帯にはご要望通りにテラスを設け、ソファセットとジャグジーが設置されたアウトサイドのリビングになっています。ちなみに、1階のガレージ奥の敷地に植えられた大きなグリーンをここからも眺められます。天井以外を壁で囲んでいるため、周囲の家から見られることなくジャグジーを楽しんだりくつろいだりすることができます。

なお、このような敷地は室内にどのように光を取り入れるかの計画も難しいところですが、階段部分を吹き抜けにすることで、家の中心部分に太陽の光を取り込んでいます。また、家の西側に壁をつくることで南西からの西日もソフトに取り込みます。隣家との関係で南面からの採光は最小限に抑えていますが、家全体に十分な明るさを確保できているのです。

制約のある土地でも、本当に満足できる家を実現することで仕事への意欲が高まるような暮らしを叶えたい——何より「家族を幸せにしたい」とのご主人の思いを受け、コンセプトは

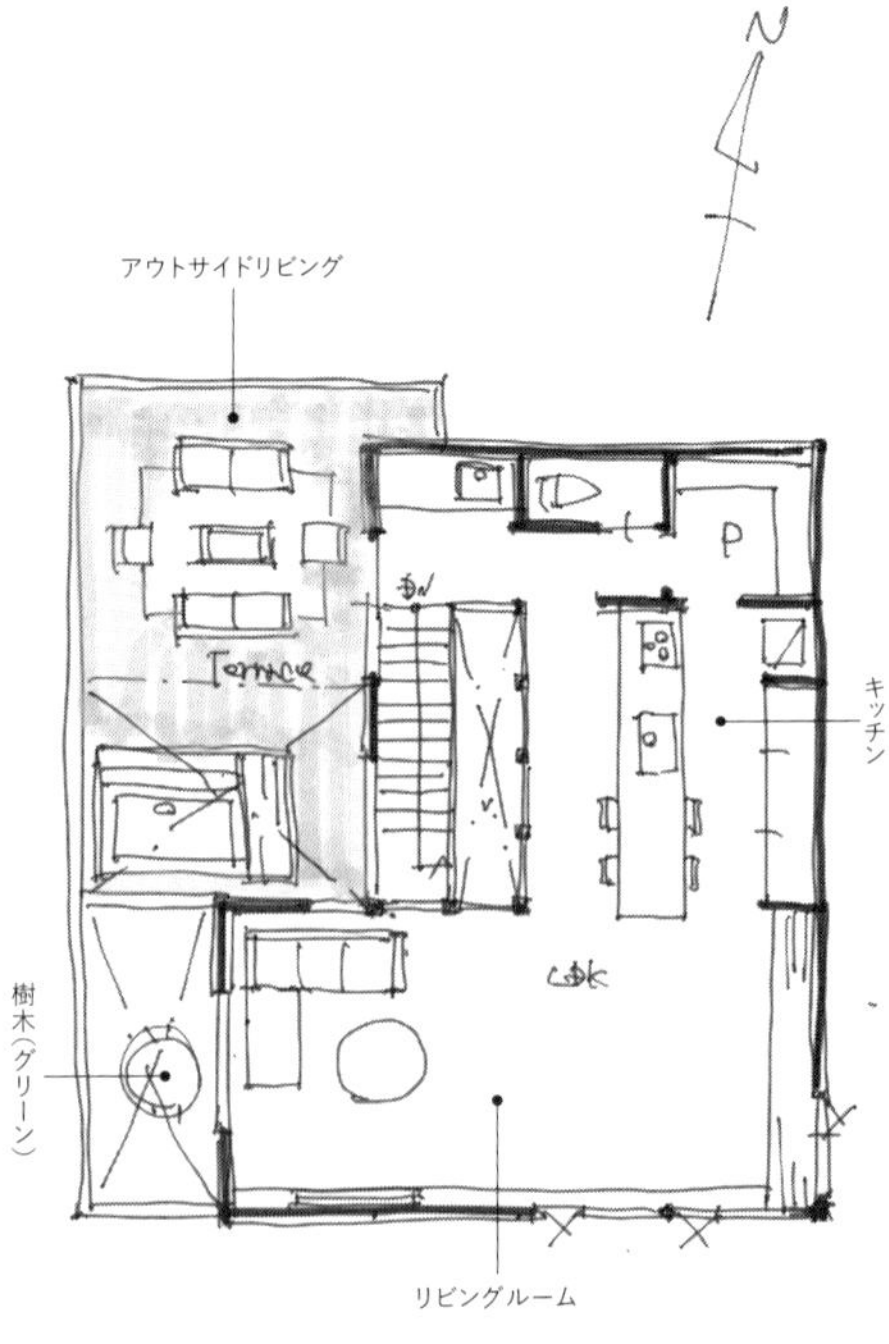

2F

「未来を創る家」としました。家を所有することが自己成長につながり、さらなる飛躍への原動力となるような住まいが完成したのです。

ご家族は念願のアウトサイドリビングでご友人とともにバーベキューやジャグジーを楽しんでいらっしゃるそうです。周囲の視線も一切気にならないと話してくれました。

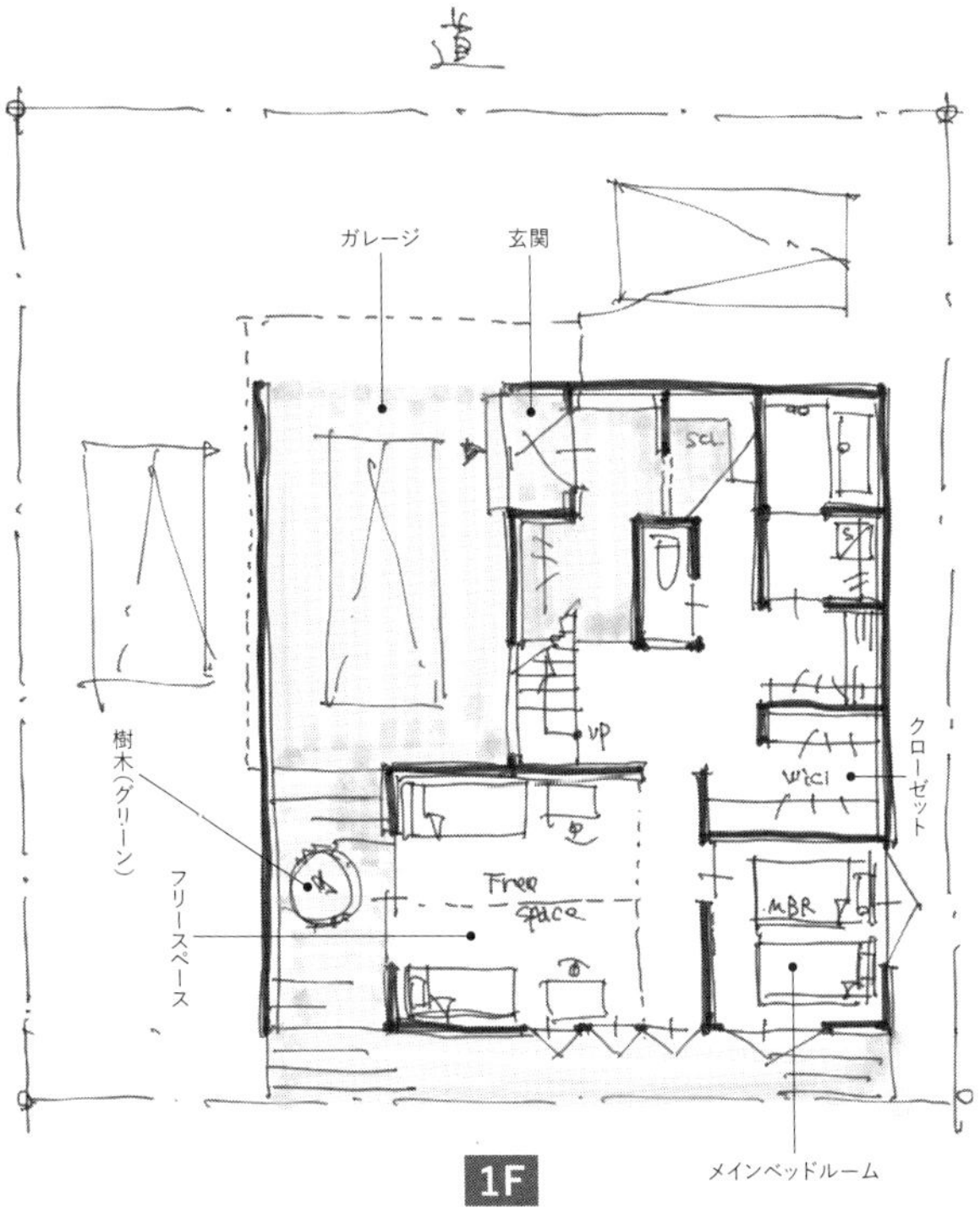

3-2-3｜住宅密集地はプライバシーの確保や光の取り入れ方、駐車計画に工夫が求められる。

「秘密基地のある家」庭はサッカー練習場

敷地面積があってもあえて2階建てにしたケース

1階建ての家を「平屋」といいます。階段を上り下りすることなく室内を移動できて大変便利なため、周囲の環境をふまえたうえで敷地面積さえ許すのなら私は断然、平屋をおすすめします。とはいえ、平屋を建てられるくらいの敷地面積があるにもかかわらず、あえて2階建てをつくるケースもあります。

サッカー練習場と秘密基地のあるおうち

このご家族は夫婦のほかに男の子が3人いて、ご主人をはじめお子さん3人ともがサッカーをしているサッカー大好き家族でした。おうちを建てるにあたり、サッカーの練習ができる庭がほしいとリクエストがありました。敷地的には平屋を建てられる十分な

3-3-1｜土地の北には駐車スペースと玄関をレイアウト。南には庭が広がる。

3-3-3｜リビングに向かう動線に洗面台とトイレを配置。

3-3-2｜玄関横のワークスペース。秘密基地のような特別な空間。

［建築情報］
敷地面積　226.7㎡
延床面積　101.9㎡
所在地　　山口県

面積があったのですが、サッカー練習場をつくるためにあえて住宅を2階建てにし、なるべくコンパクトなサイズ感を目指すことにしました。

サッカー練習場として使う庭との接続を考え、1階には広めのリビングを配置しています。男の子が3人ということで、奥さまはリビングが散らかってしまうことを懸念していました。そこで、玄関から入ってすぐの場所に秘密基地のようなワークスペースをつくりました。ご主人と男の子3人が並んで座れるカウンターデスクと椅子が設置されています。

子どもたちは帰宅したらそこにランドセルや荷物を置き、すぐ隣にある洗面台で手を洗ってからリビングに向かう動線が設計されています。ウォルナット色の、木目が美しい素材とブラックカラーを基調にしたメンズライクな雰囲気のワークスペースの入り口は、あえて少し低くしてあります。潜るような感覚で入ると「俺たちの秘密基地」が広がっているというわけです。少しくらい散らかっていても気にならない、少し無骨な雰囲気のただようメンズたちのための空間です。

このおうちのコンセプトである「秘密基地のある家」も、このワークスペースをイメージしてのものです。洗面台のそばにあるトイレも、男性が4人いる暮らしに備え、小便器と大便器の両方を備え付けています。

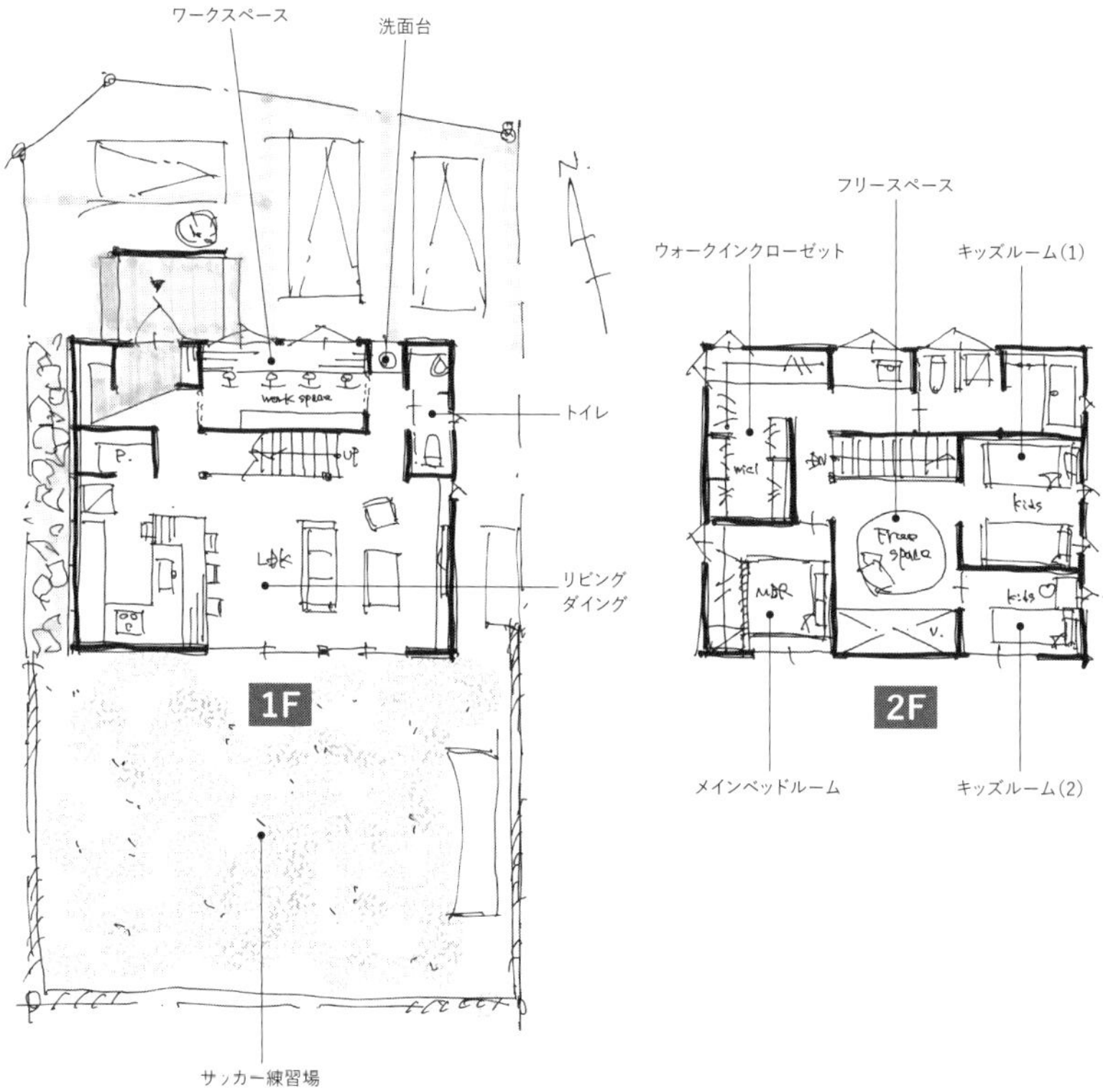

3-3-4｜敷地の半分を庭にするという大胆な設計がファミリーの満足度を飛躍的に高めた。

リビングを広くとるため水まわりは2階へ

リビングに面したキッチンダイニングからは、リビングや庭で過ごす子どもたちの様子を見渡すことができます。少しでもリビングを広くとれるよう、カウンター形式のキッチンダイニングにしています。

お風呂などの水まわりはまるっと2階にもっていきました。ワークスペースや広めのリビングを1階に設けたために面積に余裕がないからです。「2階の水まわり」という

3-3-5｜庭で遊ぶ子どもの様子が常に目に入る、親にとって安心感のあるレイアウト。

提案に最初は少し難色を示していたご家族でしたが、意図を説明すると「意外と合理的なのかも」と受け入れてくれました。帰ってきたらすぐ2階へ上がれるような動線をつくっているため、実際に暮らしてみると荷物は自然と2階に集まり、1階はパブリックスペース、2階はプライベートスペースと、生活がうまく区切られて1階のリビングは散らかることがないと大変喜んでいらっしゃったので安心しました。

吹き抜けから家族の気配を感じる

2階はファミリークローゼット、主寝室、子ども部屋2つ（一室は2人で使う）、洗面コーナー、脱衣室、浴室、トイレ、そして家の中心には階段とホールがあります。ホールの一部には吹き抜けを設け、家族がどこにいてもお互いの気配を感じることができます。念願のサッカー練習場は天然の芝生敷きです。ご主人がお手入れを頑張っているそうです。なお、後日談として、お子さんのひとりが学校の作文で「最近家を建てて、すごく楽しかった。家族が喜んでいる姿を見て僕も建築家になりたいと思った。もっと大きい家をお父さんとお母さんにプレゼントしたい」といったことを書いていたと伺いました。すっかり感動してしまった私でした。

実例4

「TROPIC HOUSE」ネイルサロン併設の家

住宅と店舗が合体している「店舗兼住宅」

第2章の「プレイルーム」の項で、「店舗兼住宅」について少し触れました。実際にそのようなおうちを建てた例を紹介しましょう。

ネイリストの奥さまとご主人、お子さんひとりのご家族が、ネイルサロンを併設したおうちを建てることになりました。ご夫婦ともに日焼けすることが好きで、太陽を浴びられるバルコニーと明るいリビングをご希望です。奥さまからは「家のどこにいてもみんなを見渡せるようにしたい」というリクエストもありました。

うまく住み分けられるレイアウトをつくる

店舗としてのネイルサロンは1階にあります。2つある玄関の入り口の一つはネイル

3-4-1｜向かって右手の玄関ドアを開けると自宅へ、左手は店舗へ。

［**建築情報**］
敷地面積　137.4㎡
延床面積　110.6㎡
所在地　　愛知県

サロン専用です。とはいえ、この店舗部分と住居部分はつながっており、接続部分にはお客さんの利用を想定した手洗い用の洗面台とトイレも設置しています。そのほか1階には寝室、ファミリークローゼット、脱衣所、洗面台、浴室がありますが、サロンのほうからは見えにくいレイアウトになっています。

3-4-2｜居住スペースから見た、店舗との接続部分の洗面台。

3-4-3｜階段越しに見えるテラスには南東からの光が降り注ぐ。

日焼けしたい夫婦のための南東テラス

自宅用の玄関ドアを開けるとすぐ目の前に階段があり、そこから2階へ上がるとリビング、キッチンダイニング、将来の子ども部屋を想定してのフリースペース、テラスなど、家族がくつろぐ空間が広がります。南東に配置されたテラスでは思う存分日光を浴びることができ、西に面したリビングにも明るい光が差し込みます。ダイニング一体型のオープンキッチンにして省スペース化をはかり、41・5坪（137・37㎡）の敷地のなかに住宅と店舗を違和感なく共存させています。

「インテリアで雰囲気を変えられるように」との要望で、内装は白を基調にチョイスしています。店舗部分も含めてナチュラルで清潔感のあるテイストが特徴です。自宅部分の床は無垢材を使うことで、あたたかみのある雰囲気を加えました。

声や足音を気にせずに子どもが思う存分家の中を駆け回ることができていると、ご夫婦は嬉しそうに報告してくれました。このおうちで成長していくお子さんがどんな表情を見せてくれるか、とても楽しみです。

ちなみに、このおうちのコンセプトである「TROPIC HOUSE」の「TROPIC」は、英語で「熱帯」という意味のほか、ラテン語で「回転」という意味もあり

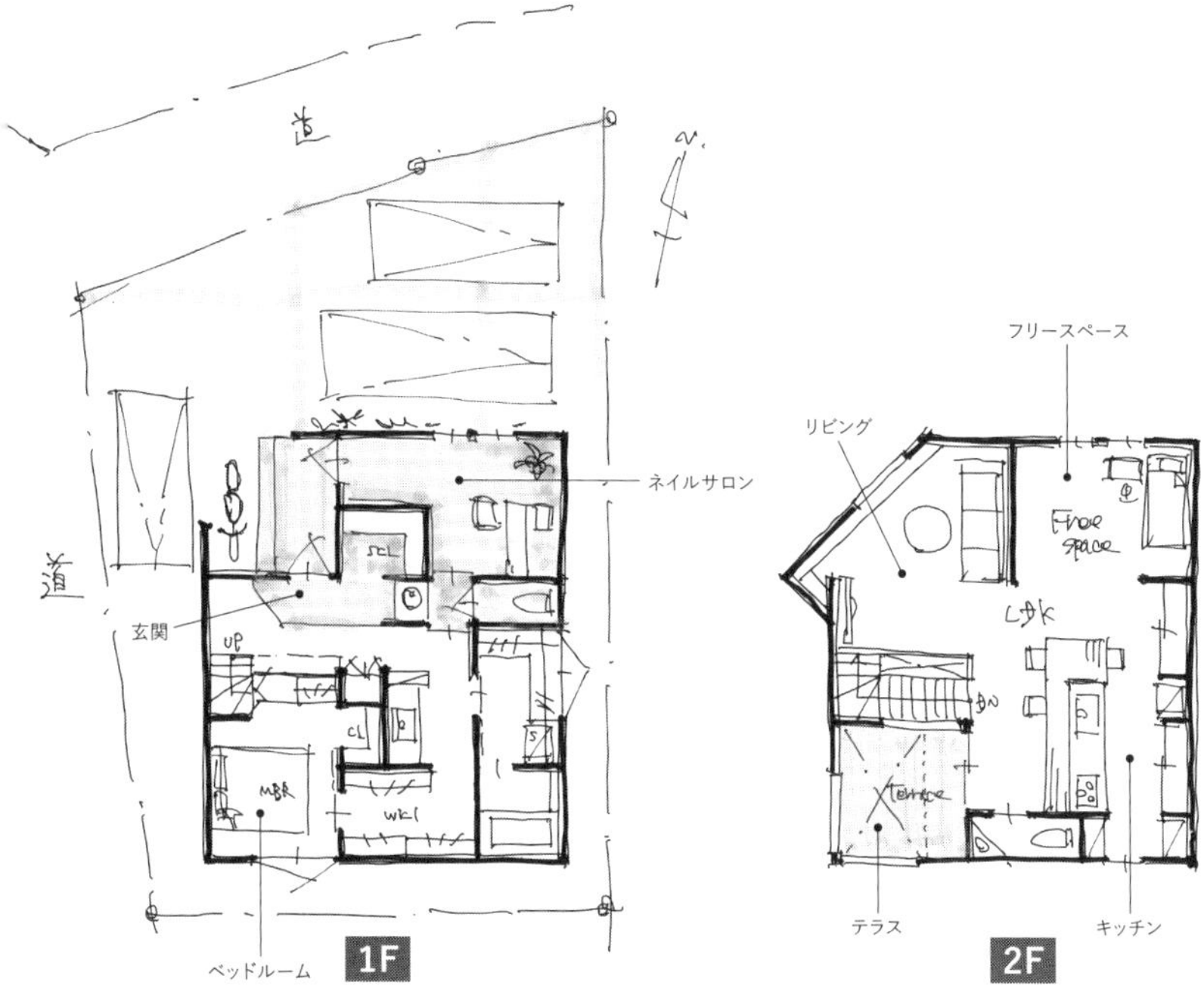

3-4-4｜住宅を南に寄せて店舗用の駐車スペースを確保した。

3-4-5|ホワイトベースの空間が清潔な印象を与える店舗スペース。

ます。光にあふれ、店舗と住宅の2つの用途がうまく回転するようなイメージが込められています。

店舗の種類によってさまざまな設計が可能

なお、今回紹介した店舗兼住宅はネイルサロンの例でしたが、ほかにも音楽教室、エステサロン、英会話教室、美容室、体操教室、ヨガ教室など、さまざまなケースがあります。店舗部分さえつくってしまえば、あとは必要な什器や備品などを用意すればお店をスタートできます。

ちなみに、美容室の場合は髪を洗うシャンプー台の設置や電気配線や給排水といった設備工事が必要なため、ほかの業種に比べると少々建築コストがかさみます。とはいえ、実は店舗兼住宅で一番多いケースは美容室でもあります。

実例5

「ピアノとともに暮らす家」

斜線制限を活かした光あふれるステージ

雑談からわかる大事なことがある

人の本音は、質問をした際には意外と出てこないものです。逆に、たとえばお菓子を食べながらリラックスして雑談をしているときなどに、「えっ、そうだったの!?」というような大事な話が聞けることがあります。

「ピアノとともに暮らす家」とコンセプトを設定したおうちも、まさにそのようなケースでした。

「ピアノを置きたい」という妻の願い

今回の事例は、ご夫婦の終《つい》のすみかとしてのおうちを建てた例です。「家を建てたい」とずっと望んでいた奥さまの積年の願いを叶えてあげたいとのことで、ご主人は

3-5-1｜縦長の敷地だが、南のテラスから家の中心に光を取り込んでいる。

3-5-2｜斜線制限をクリアする「中2階」という選択肢で、特別な空間に。

［建築情報］

敷地面積　90.2㎡

延床面積　102.9㎡

所在地　大阪府

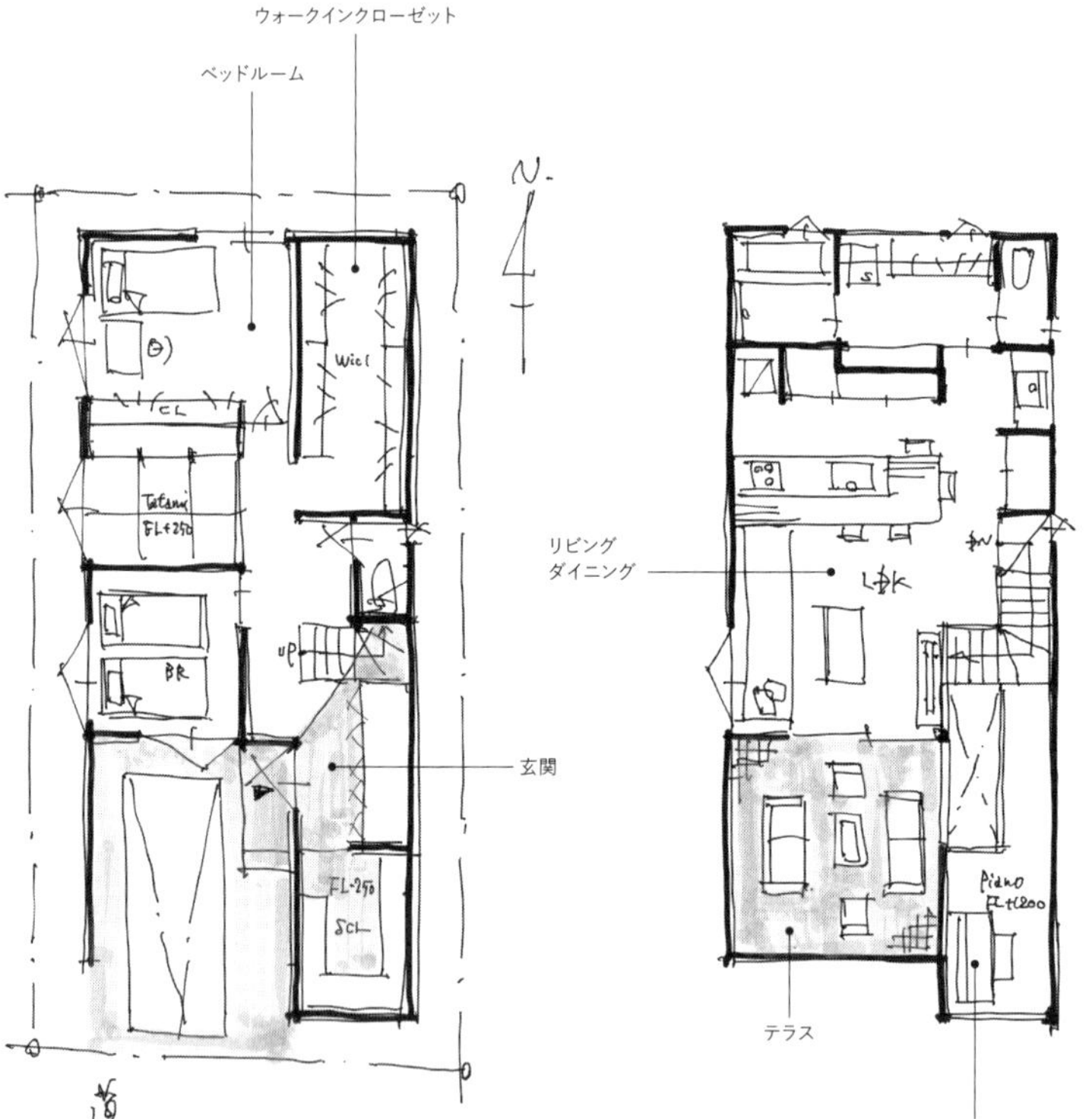

3-5-3|雑談から着想を得た、ピアノ中心の設計。

「妻の言う内容でつくってあげて」と全面的に奥さまの希望を尊重する姿勢でした。

27・3坪（90・23㎡）の、狭くはないが広いとも言えない敷地、しかも住宅密集地の縦長の土地でしたが、ご夫婦がストレスなくゆったり暮らせるような間取りを考えたいと思いました。

奥さまの一番の希望は「ピアノを置くこと」。それまでご実家に預けてあったピアノを新居に持ってきたいといいます。ほかには、対面キッチン、ウォークインクローゼット、広いリビング、吹き抜けをつくることなどをご希望でした。

南に面している前面道路は狭く、斜線制限もありました。要は、せっかく南に面していても建てられる高さに制限があるのです。とはいえ、隣家に囲まれるなかで唯一景色が抜けているのがこの南面でしたので、うまく活用したいところです。

そんなことを考えながら雑談の際に「そういえば、ピアノを持ってきたら毎日弾かれる予定なんですか？」となんとなく聞いたところ、「もちろんです。実は私、音大出身なんです」と奥さまがさらっとおっしゃるではありませんか。

これは非常に重要な情報です。最初に要望を伺ったタイミングでは、ピアノにそこまでの思い入れがあるという印象を受けませんでしたが、ピアノを愛し、本格的に楽しみたいという潜在ニーズがあることがわかったのです。であれば、ピアノを軸にした家づくりをすべきだと私は考えました。

斜線制限を活かした中2階と採光計画

奥さまが日々ピアノを楽しみながら、ストレスなく暮らせるようなおうちということで、私が提案したのは図3-5-3のような間取りです。

斜線制限のある南面には車を置くスペースと、中2階をつくっています。その中2階に奥さまの愛するピアノを置くのです。明るい太陽の光が降り注ぐその場所へ、さながらステージのような中2階へ上がっていく動線をイメージしています。

中2階と2階に分岐する階段は、駐車スペースそばにつくられた土間の広い玄関を入ってすぐの場所に設けられています。2階へ上がると対面式のダイニングキッチンとコンパクトなリビング、洗面台、トイレ、脱衣所、浴室、そして南面にはアウトサイドリビングとしてのテラスなど、このフロアで睡眠以外のすべてがすませられるようになっています。

これまで住んでいたおうちでは、ご主人は仕事から帰ってくると疲れてすぐにソファで寝てしまっていたそうですが、現在は2階で食事や入浴、晩酌まですませ、1階の寝

3-5-4｜中2階のピアノスペースには南からの光が降り注ぐ。

室で寝るようになったそうです。2階の南面にアウトサイドリビングをつくったことで、ここが「明かりだまり」としての役割を果たしてくれます。密集する隣家からの視線を気にすることなく、南の日を室内に取り込むことができるのです。

1階は寝室、ファミリークローゼット、畳スペース、大学生の娘さんのための個室などをまとめ、プライベートな空間として機能しています。

思いをくみとる

好条件とはいえない土地と周辺環境でしたが、音大出身の奥さまからの「ピアノを置きたい」とのリクエストがあったからこそ、この個性的な間取りは生まれました。ピアノについてくわしく話を聞かず、ちょっとした趣味程度だと受け取っていたら、ピアノを軸にした家づくりにはならなかったと思います。

あらためて、お住まいになる人のリクエストの奥にある「思い」をくみとることが設計には欠かせないと確認したケースでした。

実例6

「愉《たの》し季《き》し家」自然豊かな環境での平屋暮らし

平屋での豊かな暮らし

次にご紹介するのは、都会との二拠点生活のために自然豊かな環境に2つめのおうちを建てた例です。

敷地に余裕があるため、ワンフロアで生活が完結する「平屋」をつくりました。共働きのご夫婦とまだ小さいお子さんの3人家族で、お子さんのためにも自然と触れ合える環境で暮らしたいとのご希望でした。ご主人のお仕事仲間やご友人を招いて遊べるような家をつくりたいということで、「愉し季し家」というコンセプトにしています。

傾斜のある土地をそのまま活かす

周囲を木々に囲まれ、面積も十分な敷地でしたが、土地が傾斜しており、3mの高低

3-6-1｜傾斜のある土地の個性を活かすことで、周囲に馴染みつつも存在感ある佇まい。

［建築情報］
敷地面積　490.0㎡
延床面積　234.2㎡
所在地　静岡県

3-6-2｜ナチュラルな色合いに整えられた茶室には簡素の美がある。

差がありました。通常であれば、擁壁を立てて高さ調整を行いフラットな土地をつくる造成工事を実施するところです。

しかし、第1章の「『正方形の土地がいい』という幻想」で紹介した9mの高低差のある土地のように、この土地ならではの環境を活かしてデザインに取り込むことで唯一無二の魅力的な家ができるはずだと考え、この土地でもあえて傾斜を残すことにしました。もちろん、床を斜めにするわけではありませんよ。家のなかの一部に段差をつけるのです。「スキップフロア」と呼ぶこともあります。

大開口の窓と吹き抜けで自然と一体化

敷地の西側にはガレージとゴルフシミュレータールームをレイアウト。その中間部分に玄関があります。玄関ドアを開けると天井高4mの吹き抜けが目の前に広がります。大きな窓から光が差し込む、明るい空間になっています。

ホールの右手には大きな窓を挟んでアウトサイドリビングを配置しています。ジャグジーとソファセット、グリルセットなどが置かれ、ご主人の会社の同僚やご友人を招いて楽しい時間を過ごす予定だそうです。アウトサイドリビングに面した縁側の先にある

3-6-3｜高天井を思い切り楽しめるのは平屋だからこそ。圧倒的な開放感。

のはコンパクトな茶室です。奥さまのご趣味である茶道を嗜《たしな》むためのスペースです。

ホールのさらに先に広がるLDKは傾斜を活かしたスキップフロアになっており、掘り込まれた一角にはカーペットを敷いてごろごろと寝転んだり、クッションを置いてソファとして使ったりできます。

ホールの左手には、ファミリークローゼット、浴室、トイレ、洗面台、寝室が2つ、さらにはご主人と奥さまのためのワークルームがレイアウトされています。

ワンフロアで仕事、生活、遊ぶ

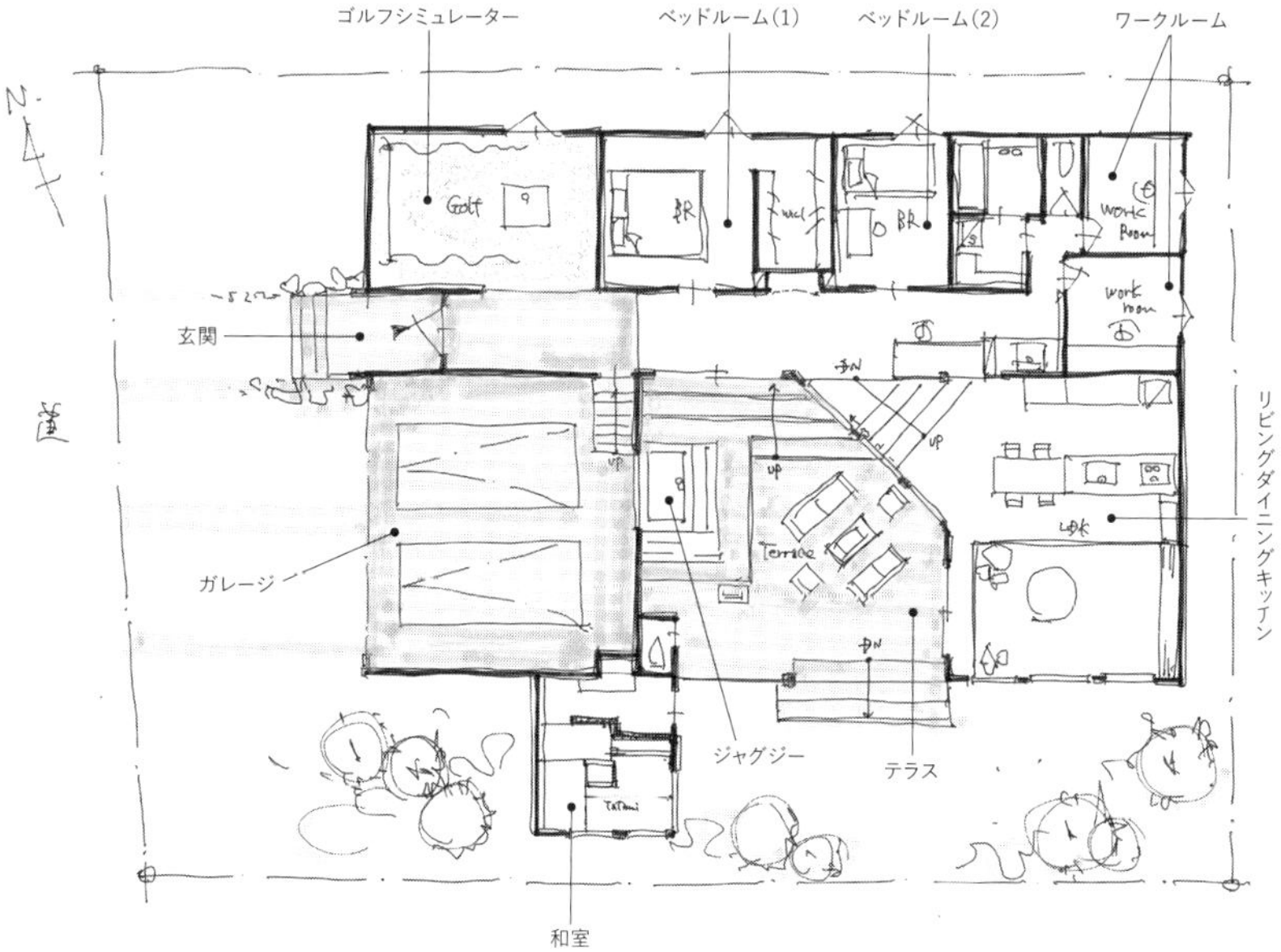

3-6-4｜ゆったりした周辺環境を活かした贅沢なレイアウト。

ことのすべてが叶う贅沢な空間ができあがりました。吹き抜けや大開口の窓を設けることで、周囲の豊かな自然とつながったような感覚を抱けます。
当面は週末をこのおうちで過ごすそうですが、ゆくゆくは都会のご自宅を手放し、こちらのおうちに移ってくるおつもりだそうです。周囲は擁壁をつくって建築している住宅がほとんどでしたが、このおうちは土地の個性をそのまま活かし、オリジナリティあふれる唯一無二の仕上がりを見せています。

3-6-5｜周囲の自然が住まいに溶け込むような感覚を味わえる。

実例
7

「takusu-ie」二世帯の絆をつなぐ「ロビー空間」

「住み慣れた場所」に家を建てる

「takusu-ie」＝託す家。愛着のある「実家」を未来につないでゆくべく、「二世帯住宅」を選択したファミリーの例を紹介します。

建て主は静岡県にお住まいのご夫婦とお子さん二人のご家族。最初は自分たちの世帯だけが住む家を建てるつもりでしたが、予算も含め、なかなか理想的な土地が見つからなかったといいます。そのため、学校などの施設も近く、利便性の高い場所にあるご主人の実家を二世帯住宅に建て替えないかと、ご両親に相談したそうです。

実家は築三十数年でしたので、まだまだ住める状態ではありましたが、60代の両親は「これを機に新しい家に住むのもいいね」と、快く受け入れてくれたといいます。

ちなみに、最近では親世代のみならず、祖父母世代から土地を譲り受けて家を建てるケースも増えています。

3-7-1｜子どもを見守る目が多くなるのも二世帯住宅のメリット。

［建築情報］
敷地面積　222.2㎡
延床面積　210.3㎡
所在地　　静岡県

3-7-2｜ロビーから分岐するご両親夫婦のゾーン。手前は寝室、奥はLDKへ。

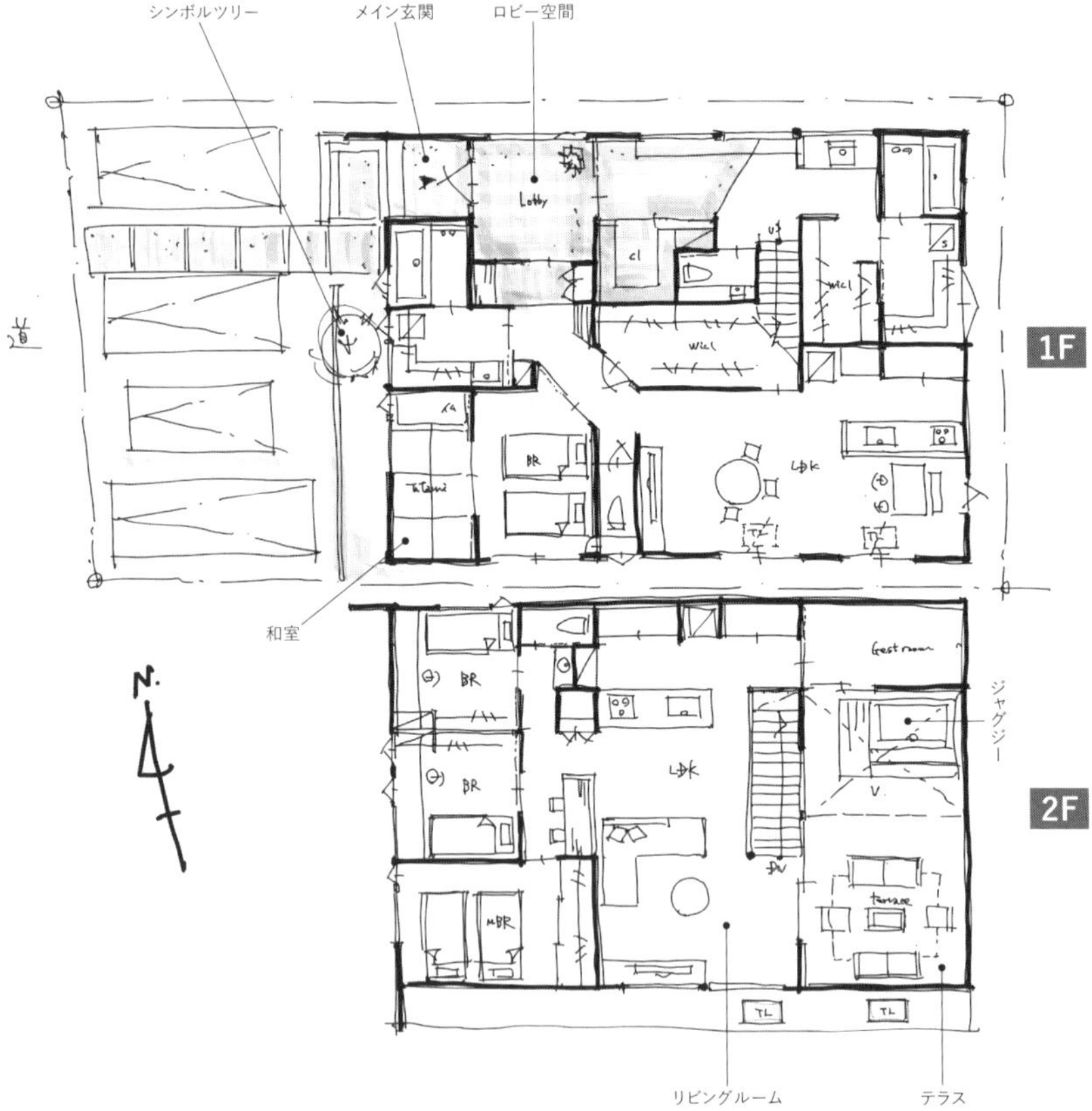

3-7-3｜敷地をめいっぱい使い、二世帯の全員が満足する家へと生まれ変わった。

二世帯住宅の設計の要は「ヒアリング」

二世帯住宅を設計する際は、「ヒアリング」が何よりも重要です。通常は2時間程度をかけるところ、二世帯住宅の場合は最低でも3時間以上は必要です。

また、ご両親夫婦と息子夫婦が同席して行うことも重要なポイント。お互いが何を考えているか、腹を割って話してもらう必要があるからです。違う世代と一緒に住むことには、それなりの覚悟が必要なのです。

「そんなことを思っていたの？」と、ときにはちょっとした小競《こぜ》り合《あ》いがヒアリングの最中に勃発することもあります。そのようなときは「まずは家族会議をしてください」と、ヒアリングを打ち切って別日に改めることもあります。

お互いに「言いたいけど言えない」という遠慮がある状態で、一緒に暮らし始めるのはトラブルの元です。二世帯での暮らしがうまくいかず、お嫁さんが出ていってしまったとか、二世帯での暮らしそのものを解消したなどの話を聞くことがあります。設計と間取り次第で、このようなトラブルは避けられると私は思っています。

今回のご家族の場合は、どちらかというとご両親夫婦が息子夫婦に気を遣っている様子でした。

3-7-4｜二世帯をつなぐロビー空間があることで、家族のつながりが生まれる。

二世帯住宅の場合は、「何をどこまで共有するか」を決めるのが大事です。「玄関はもちろん、すべて別々のほうがあなたたちも気が楽なのでは？」というのがご両親夫婦の提案でした。ところが、息子夫婦側の奥さまは忙しい仕事をしていて、家にずっといるわけではないことから、「子どもたちがおじいちゃん、おばあちゃんと触れ合える環境があってもいいかなと思っています」と話してくれました。

メイン玄関と「ロビー空間」

結論からいうと、二世帯の生活空間を独立したものにするため、玄関は別々にすることにしました。もちろん、お風呂やトイレも完全に別です。

とはいえ、子どもたちと祖父母の距離を縮められる環境があると嬉しい、という奥さまの気持ちにも応えたいところです。そこで、それぞれの生活空間につながる玄関とは別に、共通のメイン玄関を設けることにしました。

間取り図でいうと左上、つまり北西の角がメイン玄関で、その先に4・5畳程度のロビー空間が設えられています。そこは土足の場でありながら室内の扱いで、二世帯の「共有空間」です。そこから分岐する鍵付きのドアから、それぞれの生活空間が広がるというわけです。

完全に玄関を別々にすると、日常生活のなかで二世帯が交わるタイミングがゼロになりかねません。しかし、このロビー空間があることで「おじいちゃんたちと住んでいる」「息子夫婦と孫と住んでいる」という感覚を忘れずにいられます。

1階は主にご両親夫婦の空間です。畳スペースや、多趣味なご主人のための書斎もご提案しました。1階の北東の一部は息子世帯に割き、洗面台、浴室、ランドリースペース、ウォークインクローゼットをまとめ、1階で衣類周りの家事をすべて片付けられる動線を考えました。

そのスペースに隣接した階段から上がる2階は息子家族の空間です。友人を招いて楽し

3-7-5｜1階の仏壇が置かれた和室の見上げる窓からシンボルツリーが見える。

みたいという希望を叶えるため、アウトサイドリビングやジャグジーも設計しました。

もみじに思いを託す

元のおうちには南に面した部分に庭がありました。しかし、建て替え後には車を4台停めるスペースが必要なため庭を諦め、敷地いっぱいにおうちを建てています。

ご両親夫婦はどうしても南から日光を室内にとりこみたいということでしたが、隣家との距離も近く、通常の窓では満足する明るさをとれそうにありませんでした。そこで、屋根部分にとりつけた「天窓（トップライト）」を奥の手として採用することに。

このタイプの窓はお手入れの難易度が高いので普段はあまり採用しませんが、今回のおうちの場合、脚立を使えばお手入れは可能だと判断しました。

敷地の西側にある道路と駐車場に面した玄関のそばに、シンボルツリーとしてもみじの木を植えました。このもみじ、実は元のおうちのお庭に植えてあったものです。

思い出深い旧宅を偲ぶシンボルとして、いまもそっと佇んで二世帯の家族を見守っています。

実例 8

「古《いにしえ》の新しさ」

50年前の家屋がカフェに変身

リノベーションも選択肢のひとつ

世界にひとつのスペシャルな家づくりは、新築でなく「リノベーション」という手段でも可能です。少し変わり種ではありますが、家屋をリノベーションしてカフェをつくった例を紹介します。

元の建物を活かした設計

主婦業に専念されていた女性が心機一転、「夢だったカフェを始めたい」というご相談からすべては始まりました。

当初のご相談は、古い建物を解体して更地にし、カフェを新築して営みたいというものでした。しかし調査を進めるうち、昭和40年におおもとの建物を増築する形でつくら

3-8-1｜リノベーションしたが外観にはいっさい手を加えていない。

3-8-2｜夢が現実になった、思い出の間取りスケッチ。

［建築情報］
敷地面積　170.9㎡
延床面積　45.5㎡
所在地　山口県

れていることがわかりました。建て増したことで複雑な構造になっていたのですが、当時を知る人によると、おおもとの建物は時代柄、非常によい木材を使った建築がなされているということでした。

そこで私は方針を転換し、「新築ではなくリノベーションにしてはどうか」と提案しました。「手作りの料理でもてなすハンドメイド感あふれるカフェをつくりたい」との建て主の希望があり、そのようなカフェは新築のキラキラしたスタイリッシュな感じより、少しヴィンテージな雰囲気のほうがイメージに合いそうだと考えたからです。

新築にあえて古さを演出する「エイジング」と呼ばれる手法もありますが、これは非常にコストがかかります。であれば、おおもとの建物を活かしてリノベーションするほ

3-8-3｜ヴィンテージ感を残すことであたたかみのある落ち着いた空間に。

うが、いい感じに元の古さが活きそうです。費用面でも、新築よりもコストを抑えられます。

この提案は非常に喜ばれ、このときにお見せした手書きの間取りスケッチが今でも店内にひっそりと飾られているのは嬉しい限りです。

飲食店ですから店内は清潔感を大事に、そのうえで歴史を感じられる内装を意識しました。梁《はり》や窓やドアには元の建物の味のある雰囲気をあえて残しています。テーブル席とカウンター席のほか、店内から出られるテラススペースもあり、そこから季節感と外の光を店内に取り込むことができます。

オーナーは完成した建物を大変気に入り、カフェは無事に開店。嬉しいことに、その後、大変な繁盛ぶりを見せているそうです。ちなみに、オーナーの息子さんはパティシエで、店内で提供するスイーツは彼の手作り。その味がお客さまに好評ということで、その後、カフェに隣接する形でケーキショップをオープンしたいとご相談を受け、二度目のリノベーションを行いました。現在は、さらに行列のできる人気のお店になっています。

解体するはずだった50年前の建物が素敵なカフェに生まれ変わるなんて、なんとも言えないロマンを感じてしまいます。

3-8-4｜リノベーションから10年、玄関前の木も大きく育った。

前の居住者が残した思いを受け継ぎ、新たな家の付加価値としていく。このようなストーリーのある設計や家づくりは、たくさんの人を幸せにするものだと思います。

欧米では珍しいことではありませんが、日本でももっと浸透していけば、趣のある家がどんどん増えていくのではないでしょうか。

家の場所選びの幅が広がる

リノベーションといえば、20年近く前に改装をお手伝いしたバーに、先日、久しぶりに立ち寄りました。

実は、バーのオーナーは私と出会う前にかなりの費用をかけて店内をリノベーションしていましたが、改装後の出来栄えに納得がいっていなかったのです。理想の店をあきらめたくないという思いから、再度のリノベーションを決意。自分の思いをくみとって形にしてくれる人を探すなかで、友人を介して私に声をかけてくれました。

1度目のリノベーションも悪くはありませんでしたが、ややシンプルすぎるきらいがありました。そこで、癒やしや安心感を求めて来店する人にとって、年月を経るごとに味わいが深くなっていくようなお店にしようと、建物自体のアンティーク感と日本的なエッセンスが融合するオリエンタルな雰囲気を目指すことにしました。

屋久杉でつくった板に店名を彫った特注の看板をカウンターの正面に飾るほか、ドアやインテリアも既製品ではなくオリジナルで作製するなど、こだわりにこだわった空間が誕生しました。

先日私がそのバーを訪れたとき、空間に存在するものすべてが20年近くを経てもまったく色褪せず、多くのお客さまを迎えている様子に感極まる思いでした。マスターの強い思いと建物の魅力をより合わせて生まれた唯一無二の空間には、普遍的な吸引力が宿っているのでしょう。

一般の住宅も、新築に限定せず、リノベーションという選択肢を加えてみてもよいかもしれません。戸建てとマンションいずれにしても、場所選びの幅が広がりますし、新築とはまた違った味わいのある一点もののおうちができあがるはずです。

おわりに

本書を手に取って読んでくださり、ありがとうございます。

「家は3度建てないと理想の家にはならない」

誰しも一度は耳にしたことがある口伝があります。

私は一度きりでも、満足できる家を建てるお手伝いがしたいと思って、建築士として日々、仕事をしています。


私が小学6年生のとき、父の友人の家を訪ねた日の衝撃を、いまでもはっきりと覚えています。その家は、リビングとつながる大開口の窓の向こう側に広島県宮島の海が広がり、窓際にはさりげなく望遠鏡が置かれ、覗くと夕暮れ時のライトアップされた嚴島神社の鳥居が水面から浮かび上がっているように見えました。

当時、ボロボロのアパートに住んでいた私は、「こんな暮らしがあったのか！」と驚いてばかりでした。その家は建築家の宮脇檀《みやわきまゆみ》氏が設計したものだと知るのは、後のことです。

いま思い返しても、その空間は「すべてに意味があった」のです。住んでいる人が住んでいる人が満たされる空間、住んでいる人が使いやすい間取り、住んでいる人が早く帰ってきたくなる家。

自分が建築士を志すようになって気づきました。宮脇檀氏が設計したあの家は、住んでいる人の「気持ち」を設計した家だったのだと。

私が本書を出したいと思ったのは、単に家づくりの実用的知識をお伝えしたいと思ったからではありません。「日本人の家づくりの価値観を変えたい」と思ったからです。家を「仕事がないときに休む場所」と位置づけるのではなく、「人生を楽しむ場所」と位置づけてほしい。そのことを、いろいろな実例を通してお伝えしてきました。

本書を手に取ってくださった、あなたの「気持ち」を設計する建築士に出会ってほしいと願います。

建築士の多くは設計が好きだからこそ、この道を選んでいます。真面目で仕事熱心で、やり甲斐を感じたら俄然パワーを発揮する人たちです。ただ図面と睨《にら》めっこして、線を引いているだけでなく、設計している家に思い入れを込めて、朝から晩まで建て主のことを考えて、図面に向かっている建築士がたくさんいます。

あなたの気持ちを設計する建築士と出会えるまで、どうか諦めないでください。

多くの人にとって、家を建てるのは一度きりの経験のはず。

冒頭で出てきたような「こんなはずじゃなかった……」という思いを、本書を読んでくださったあなたには、してほしくありません。


家が変われば人生が変わります。

リゾート地に行ったように癒やされ、心地よさを感じる。

仕事とプライベートを同じ空間で、両立させる。

好きなもの、好きなことに囲まれて、リラックスできる。

――そんな遊び心とワクワクを日常に取り込める住まいを、世に広めたいと思って日々、設計をしています。

最後になりましたが、本書の最初の打ち合わせのときに、「こんなはずじゃなかった……」と呟《つぶや》いた講談社の山中武史さんのおかげで、無事に出版ができました。感謝しております。また、私の想いを文章にまとめてくださった村上杏菜さん、ありがとうございました。

そして何よりも、本書の中で家を取り上げさせてくださった施主（建て主）様をはじめ、多くの素晴らしい施主様との出会いに恵まれて、現在の建築士としての私があります。この場を借りて、日頃から仕事でお世話になっている皆様、支えてくれる家族と友人に、心からの感謝を伝えたいです。

本書を読んで、大好きな家でかけがえのない時間を過ごせる人が増えますように。

［著者紹介］

内山里江

うちやま・りえ

一級建築士　株式会社コモドデザイン代表

1972年、高知県に生まれ、12歳まで愛媛県で過ごす。子供の頃、建築家・宮脇檀氏の設計で建てた父の友人の家に感動し、いつか自分も建築家になることを夢見る。山口県の工務店に勤務して実地で経験を積み、一級建築士になる。建築設計歴27年、のべ2000棟以上を設計・デザイン。「家を単なる休む場所ではなく、遊べる場所に」をモットーに、付加価値を高める設計を提案し続けている。

［取材・構成］

村上杏菜

［ブックデザイン］

竹内雄二

家《いえ》は南《みなみ》向《む》きじゃなくていい

2024年4月10日　第1刷発行

著者
内山里江《うちやまりえ》

発行者
森田浩章

発行所
株式会社 講談社　KODANSHA
〒112-8001 東京都文京区音羽2-12-21
電話　03-5395-3522(編集)
03-5395-4415(販売)
03-5395-3615(業務)

印刷所
株式会社新藤慶昌堂

製本所
株式会社国宝社

ISBN978-4-06-532777-7